戰國武將の明暗

SENGOKUBUSHO NO MEIAN by HONGO Kazuto

Copyright ⓒ 2015 by Kazuto Hongo

All rights reserved.

Original Japanese edition published in 2015 by Shinchosha Publishing
Co., Ltd.

Korean translation rights arranged with Shinchosha Publishing Co., Ltd.
through Eric Yang Agency Co., Seoul.

Korean translation rights ⓒ 2022 by Geulhangari Publishers

戰 國 武 將 の 明 暗

센고쿠 시대
무장의 명암

세키가하라 전투의 배신과 음모

혼고 가즈토 本鄕和人 지음
이민연 옮김

글항아리

차례

서문 _6

제1장 전쟁은 왜 일어났는가: 세키가하라 고찰 1 _10
고바야카와는 배신자인가? | 이에야스의 논공행상 | 고바야카와의 진정한 수확량은? | 미숙한 군사사 관련 연구 | 세키가하라, '최고 포상'의 무공 | 왜 이에야스는 히데타다군을 기다리지 않았나 | 유명한 에피소드의 근거는 어디에 | '천하를 제패한 자'의 탄생 | 표변한 이에야스 | 모리 데루모토의 운명

제2장 나오에주에 이에야스는 분노했는가: 세키가하라 고찰 2 _48
나오에 가네쓰구라는 무장 | '2인자'를 향한 히데요시의 뜨거운 시선 | 남자로서의 과업과 의리 | '에도江戶'는 '에도穢土' | '더렵혀진 땅'을 살아가는 이에야스의 정신세계

제3장 천하 통일이란 무엇인가: 세키가하라 고찰 3 _66
일본은 하나가 아니다 | 항상 '군웅할거' 상태 | 종말을 맞은 가네쓰구의 싸움 | 세키가하라 여담 | 마사쓰나의 '배령처' | 노부나가의 '천하포무天下布武'와 히데요시의 '총무사령惣無事令' | 가모 우지사토, 이에야스, '수도'에서 '지방'으로 쫓겨난 무장들 | 또 하나의 세키가하라

제4장 간베는 참모였는가 _92
구로다 간베에 얽힌 재미있는 일화 | NHK는 '일부일처'를 좋아한다? | 간베는 천하를 욕심냈나? | 센고쿠 시대에 '참모'는 없었다? | '적중 돌파' 시마즈 군사 1500명의 수수께끼 | 히데요시와 당주 사이에 낀 시마즈 요시히로 | '쓰리노부세釣り野伏' 전술로 이룬 시마즈 최강 전설

제5장 여성주와 일본 무쌍의 용장 _116
다치바나 소세쓰의 '라이키리雷切' 전설 | '2만 대 700' 격전의 끝 | 긴치요 '여성주' 탄생의 수수께끼 | 히데요시가 '일본 무쌍의 용장'이라고 칭찬한 남자 | '라이키리마루' 전설의 수수께끼 | 긴치요의 보리사와 마쓰다 세이코 | 영지 회복의 니와 나가시게

제 6 장 **마에다는 왜 100만 석인가** _140

오타니 요시쓰구의 부름에 응한 영주들 I 오타니 요시쓰구의 모략 I 호쿠리쿠의 세키가하라 I 마에다 도시이에의 인품이 낳은 '가가 100만 석'

제 7 장 **노부나가, 히데요시, 이에야스의 아내들** _156

'창업'과 '수성' I 히데타다가 여섯 살 연상의 애 딸린 이혼녀를 사랑한 이유 I 마음의 상처를 입은 히데타다의 '수성' I 천하 제패 쇼군들이 사랑한 미망인과 공주 I 음탕하고 성욕이 강한 인물로 그려진 히데요시

제 8 장 **성과 운명을 함께: 여인들의 센고쿠 시대 1** _172

센고쿠 시대에는 여인들도 목숨을 걸었다 I 여성주들의 싸움 I 노부나가가 사랑한 남자들 I 센고쿠 무장의 BL I 이이가의 여주인, 나오토라 I 아키타 미인의 DNA

제 9 장 **위기일발의 도주: 여인들의 센고쿠 시대 2** _192

목이 떨어진 피바다 속에 누웠던 센고쿠의 여인들 I 『오아무 이야기』의 무대는 어디인가 I 오아무를 잇는 센고쿠 시대 여성 이야기꾼 I 오키쿠의 오사카성 탈출 I '하쓰' 일행과의 만남 I 도피행의 결말 I 무장들의 '무자비한 약탈'

제 10 장 **후대와 냉대의 경계선: 논공행상** _216

여동생의 미모 덕분에 목숨을 구한 '반딧불 영주' I 반딧불 영주의 '남자다움' I 다카쓰구의 건곤일척에 대한 논공행상 I 가토 기요마사가 받은 포상 I 이에야스도 사위에게는 약하다! I 기요마사가 전면에 내세운 공적 '전략' I 왜 도쿠가와는 인척인 교고쿠 다카쓰구를 홀대했는가

제 11 장 **도리이 대 이이: 역대 가신들의 다툼** _240

전쟁의 서막을 올린 후시미성 공방전 I 장렬한 죽음에 보답한 이에야스의 파격 포상 I 대가 끊기는 가문의 속출! 말기 양자가 금지된 이유 I 가문이 두 번이나 망한 도리이가 I 이에야스와 중신의 후계자 선정 회의? I 이이 나오마사가 정실을 무서워한 이유 I 용감무쌍한 이이가 '아카조나에'의 유래 I '근육질의 사나이'를 좋아한 히데타다 I '이에야스의 사생아'설까지 나돈 수수께끼

찾아보기 _267

역사 자료에 대한 내 조건은 좀 까다롭다.

예를 들면 나오에 가네쓰구. 나는 이 사람을 좋아한다. 강력한 도쿠가와 이에야스에게 과감하게 싸움을 걸었다. 남자의 로망이다. 군신 우에스기 겐신의 DNA를 계승하여 사랑 '애愛'자를 투구에 쓴 남자. 여기에 반대 의견을 내세우지 말고 휩쓸려 가면 된다. 그렇게 생각하기는 한다. 그러나 결국 나오에에게 불리한 사실을 증명하는 역사 자료가 나온다. 겐신조차도 다른 영지의 백성을 잡아 인신매매를 자행했다. 도리를 아는 사람이라니 터무니없다. 게다가 투구 앞에 붙인 '사랑'은 인간애가 아니라 아타고곤겐愛宕權現(아타고산의 산악신앙과 가마쿠라 시대의 신불교가 습합하여 생겨난 신―옮긴이)에 대한 사랑이었지?

서쪽에서 세키가하라 전투가 전개될 때 나오에는 대군을

이끌고 야마가타의 모가미가를 공격했다. 그러나 소규모의 하세도성을 함락시키지 못하고, 중요한 야마가타성에도 도착하지 못했다. 하세도성은 천연의 요새였던가? 아니, 그렇지도 않은 듯하다. 그렇다면 나오에의 군사적 재능에는 전술적인 면에서 물음표가 붙는다. 게다가 다시 생각해보면, 왜 그는 퇴각하는 이에야스의 뒤를 공격하지 않았을까? 만약 공격했다면 동쪽의 나오에와 서쪽의 이시다 미쓰나리는 이상적인 협공을 펼쳤을 텐데. 나오에는 전략 면에서도 재능이 없었나? 이래서는 '사랑의 인간'의 이미지가 엉망이다.

'참모 간베'에 대한 이야기는 대하드라마로도 제작되었다. 구로다 간베와 다케나카 한베는 우시 히데요시를 보좌한 명참모로서, 그들이 존재했기에 히데요시는 천하를 통일할 수 있었다. 모두 그렇게 이해하고 있기 때문에 이를 뒤집을 수는 없다. 세키가하라 전투 시에 간베는 규슈에서 천하를 손에 넣기 위해 움직였다. 이 또한 남자의 로망이다. 소름이 돋는다.

아니, 아니, 아니. 찬물을 끼었어 미안하지만, 양질의 역사 자료에 따른다면 간베가 천하를 손에 넣기 위해 움직였다니 전혀 근거 없는 이야기다. 게다가 하나 더 말하자면, 애당초 센고쿠 시대에 참모라는 역할은 존재하지 않았다. 왜냐하면 문관이면서 무관을 통솔하고, 교도하여 군을 움직이는 것이 참모다. 그런데 일본에는 문관과 무관의 구분이 없었다. 그러니 참모가 존재했을 리가 없지 않은가. 분명 옳은 말이지만 모두 눈을 흘기며 바라볼 것이 틀림없다.

만사에 이런 식으로 내 논의는 시원하게 한 가지 결론으로 정리되지 않는다. 원점으로 되돌아가 생각하면 나는 연구자이기 때문에 역사 자료를 고집하는 것이 지극히 당연한 일이다. 이를 포기한다면 아무리 인기가 많은 글을 쓴다해도 내게는 아무런 가치가 없다. 그럼, 어떻게 할까?

그래서 이 책은 평소보다 '가볍게' 서술하기로 마음을 먹었다. '이도 저도 아닌' 결론은 가능한 한 그만두고, 속도감을 중시했다. 일일이 논거를 중시해서 이야기를 되돌리기보다는 읽기 쉬운 글이 되도록 애썼다.

정설을 한번 의심해보는 내 본래의 스타일에는 변화가 없다. 그러므로 서술에는 반드시 새로운 발견이 뒤따른다. 쉬운 읽을거리를 표방하며 썼지만 나름대로 상당히 공을 들인 글이기도 하다. 부디 한번 읽어주기를 바란다. 생각보다 재미있다고 생각해준다면 다행이겠다.

제1장

전쟁은 왜 일어났는가

세키가하라 고찰1

고바야카와는 배신자인가?

일본의 센고쿠 시대 혹은 중세는 전쟁의 시대다. 가장 가혹했던 이 시대를 살아야 했던 무장들은 자체적으로 일정한 교전 규칙을 만들었지만, 이 규칙을 어기는 무장들도 흔했던 모양이다. 이 책에서는 전쟁 중에 일어난 여러 극적인 사건을 살펴보며 중세 시대 무장들의 절박했던 선택에 대해 이야기해보려 한다.

최근에 두 번 정도 세키가하라關ヶ原(일본 센고쿠 시대 후기의 격전지. 여기서 벌어진 전투에서 동군이 승리하여 에도 막부가 성립하고 일본의 센고쿠 시대가 완전히 끝나게 된다—옮긴이)를 방문하여 마쓰오산에 올랐다. 차를 세우고 40분 정도 걸으면 정상에 도착한다. 정상에서는 그야말로 말로 표현할

수 없을 정도의 절경뿐만 아니라, 천하의 주인을 가리는 싸움이 벌어진 옛 전쟁터도 한눈에 들어온다.

사실 이 마쓰오산은 단순한 산이 아니다. 사람들이 상당한 수고를 들여 쌓아올린, 이 지역에서는 유명한 산성이었다.

이곳에 진을 친 사람은 '배신자' 고바야카와 히데아키小早川秀秋다. 그는 격전 중에 동군으로 돌아서 서군이 패배하는 데 결정적인 역할을 했다. 전후에 고바야카와는 오카야마岡山의 대영주(센고쿠 시대에 대영지를 받은 영주—옮긴이)가 되었는데, 스물한 살의 젊은 나이에 병으로 세상을 떠났다. 후계자가 없었기 때문에 고바야카와가의 영지는 몰수되고, 에도 시대 도쿠가와의 첫 번째 가신이 된다.

그런데 히데아키는 정말 '배신자'였던 것일까? 그는 도요토미 히데요시의 정실 기타노만도코로北政所의 오빠의 아들이다. 네 살에 하시바 히데요시羽柴秀吉(히데요시가 성을 도요토미로 바꾸기 이전의 이름—옮긴이)의 양자로 들어가 어렸을 때부터 기타노만도코로의 손에서 자랐고 11세에 관직을 받았다. 간바쿠關白(일왕을 보좌하여 정무를 총괄하던 중직)인 도요토미 히데쓰구豐臣秀次(도요토미 히데요시의 조카)를 이어 도요토미가의 계승권 보유자로 주목을 받아왔다. 그런데 도요토미 히데요리豐臣秀賴(히데요시의 둘째 아들)가 태어나면서 그의 운명은 일변했다.

히데요리에게 고바야카와는 걸림돌이었다. 자결을 명받

「고바야카와 히데아키 초상小早川秀秋像」, 교토국립박물관 소장.

은 히데쓰구만큼 가혹하지는 않았지만 고바야카와는 히데요리가 태어난 이듬해인 1594년 지쿠젠筑前(오늘날의 후쿠오카현 북부)의 나지마성名島城 성주인 고바야카와가의 양자로 보내졌다. 그는 1597년 조선에 출병해서는 용맹무쌍하게 싸웠지만 이해할 수 없는 이유로 영지가 크게 삭감되고, 12만 석의 영지 에치젠越前(오늘날의 후쿠이현 일대)으로 좌천되었다.[1] 히데요시가 조금만 더 오래 살았더라면, 고바야카와는 더욱 심한 처지에 몰렸을 가능성도 있다. 그런 고바야카와에게 도움의 손길을 내밀어준 인물이 도쿠가와 이에야스로, 도쿠가와 덕분에 히데아키는 지쿠젠의 영지를 가까스로 회복할 수 있었다.

그러한 히데아키였기 때문에 "히데요시 님의 은혜" 어쩌고 하는 말은 귓등으로도 들리지 않았을 것이다. 실제로 고바야카와는 이시다 미쓰나리石田三成가 군사를 일으켰을 때부터 이에야스에게 마음을 두고 있던 것이 아닌가 한다. 본의 아니게 후시미성伏見城 공략에 참가한 뒤로는 병을 핑계로 서군의 군사 행동에서 이탈했는데, 고바야카와 진영은 한동안 오미近江의 다카미야高宮(히코네시)에 머물다가 세키

---

1 기록에 따르면 히데요키는 1597년 정유재란에 출병하여 총대장직에 있었는데 울산성이 명나라군에 포위당했다는 소식을 듣고 병력을 이끌고 가 적장을 생포하는 등 공을 세웠다. 하지만 총대장으로서 부산성을 수비하지 않고 경솔하게 울산으로 병력을 보냈다는 군감軍監 이시다 미쓰나리의 참소로 인해 히데요시로부터 영지 감봉 처분을 받았다―옮긴이

가하라 전투 하루 전인 9월 14일에 마쓰오산성으로 이동했다. 그곳에는 서군인 이토 모리마사伊藤盛正(오가키성大垣城 성주)가 주둔하고 있었는데, 그 부대를 쫓아내고 억지로 눌러앉은 것이다.

성곽 연구가로 유명한 나카이 히토시中井均는 이렇게 설명한다. 고바야카와의 군사가 움직였다. 이 소식은 오가키성에 있던 모리마사를 경악시켰다. 히데아키가 이에야스와 내통하고 있는 듯한 기색이 짙었다. 마쓰오산성의 히데아키와 아카사카赤坂(오가키시)에 본영을 둔 이에야스에게 협공당하면 오가키성은 견딜 수 없을 것이다. 그래서 모리마사는 곧바로 성을 나와 세키가하라로 진을 옮겼다. 이에야스 측의 동군도 그를 쫓아 세키가하라로 향했다. 이렇게 해서 이튿날 15일에 결전의 막이 올랐다.

나는 나카이의 설명에 매우 동의하는 편이다. 적어도 충분히 검토해볼 만하다. 만약 이 설명이 사실에 가깝다면 히데아키는 배신자 따위가 아니다. 그는 시종일관 도쿠가와 편이었다. 모리마사나 이에야스도 그렇게 인식했기 때문에 곧바로 행동을 일으킨 것이다.

그렇다면 왜 결전이 시작될 때부터 동군에 가담하지 않았던 것일까? 음, 마쓰오산에서 보이는 풍경이 너무도 훌륭해서 무심코 점심때까지 전황을 바라만 보고 있었던 것일까?

이에야스의 논공행상

"간카쿠인의 참새는 『몽구蒙求』를 읊는다"는 말을 아는 가? 간카쿠인勸學院은 헤이안 시대에 후지와라씨藤原氏가 자녀 교육을 위해 세운 학교다. 그 정원에 둥지를 튼 참새는 학생들이 서책을 외는 소리를 듣고 익혀 그것을 읊는다는 뜻이다. 문 앞에 앉아 있던 어린 승녀가 배우지 않은 경전을 읽는다는 것과 같은 말이다.

『몽구』는 중국의 아동용 교과서다. 중국의 과거 인물 설화를 재미있게 엮은 것인데, 당나라 중기에 편찬되어 일본에는 헤이안 시대에 소개되었고, 초심자의 필독서로 시대를 초월하여 사랑받아왔다.

그 안에 "정공거륙 옹치선후丁公遽戮雍齒先侯"라는 구절이 있다. 한나라 고조 유방이 천하를 통일한 후 행한 논공행상과 관련된 말이다. 항우(유방의 라이벌)의 장군이었던 정공은 일찍이 싸움터에서 적인 유방의 목숨을 구했는데, 정공이 그 일에 대한 포상을 요청하자 유방이 정공을 처형하라면서 이렇게 말했다. "너는 항우에게는 불충한 자다. 앞으로 내 신하들이 너를 따라 해서는 안 된다."(옹치의 일화는 생략)

학문을 좋아한 도쿠가와 이에야스는 분명 이 이야기를 알고 있었을 것이다. 게다가 세상에는 이와 비슷한 이야기가 많기 때문에 이에야스는 분명 이런 내용을 잘 알고 있었음에 틀림없다. 그렇다면 이에야스는 세키가하라 전투 후에 고바야카와 히데아키를 어떻게 대우했을까? 역사를 좋아한다면 잘 알겠지만, 영지가 30만 석이던 지쿠젠 나지마 성에서 크게 늘려 55만 석의 미마사카美作(지금의 오야마현 동북부) 오카야마로 옮겨주었다.

새로운 세상을 만들기 위해서는 포상할 토지가 많아야 한다. 그러니 모두가 납득한다면 가능한 한 많은 도요토미의 가신들을 없애고 싶은 것이 이에야스의 본심이었을 것이다. 히데아키가 세상에서 말하는 그런 '배신자'에 불과했다면 최상의 먹잇감이 될 수 있다. 정공의 일화처럼 "네놈은 히데요시의 은혜를 저버린 불충자다. 네놈 같은 사람이 번창한다면 도쿠가와의 세상은 오지 않는다. 그러니 할복자살을 명한다"라고도 할 수 있는 상태다.

히데아키의 군사가 동군에 붙어 오타니 요시쓰구大谷吉繼를 습격했을 때 함께 행동한 영주가 있었다. 와키자카 야스하루脇坂安治(아와지 스모토, 3만 석), 구쓰키 모토쓰나朽木元綱(오미 구쓰키, 2만 석), 오가와 스케타다小川祐忠(이요 이마바리, 7만 석), 아카자 나오야스赤座直保(에치젠 이마조, 2만 석) 네 사람이다. 오타니 요시쓰구는 히데아키가 동군에 붙을 것을 예상하고 있었기에 준비에 만전을 기하여 적은 군사로 두 번이나 고바야카와 측을 밀어붙였다고 한다. 그런데 고바야카와 측에 이 네 가문의 군세가 더해졌다. 그렇게 해서 오타니군은 괴멸했고, 이는 나아가 서군의 패주로 이어졌다.

다시 말해 네 사람의 공적은 상당히 크다. 그렇다면 이에야스는 이들을 어떻게 포상했을까? 조사해보니 놀랍게도 그야말로 '정공ㅜ쏘과 같은 패턴'이었다. 와키자카만은 사전에 내통의 뜻을 밝혔기 때문에 영지를 인정해주었다(늘려주지는 않았다). 하지만 나머지 세 사람에 대해서는 혼란에 빠진 불난 집에 침입한 도둑놈으로 취급하며 공적을 전혀 인정하지 않았다. 구쓰키는 오히려 9500석으로 줄였고, 오가와와 아카자는 영지를 완전 몰수해버렸다.

이와 비교하면 고바야카와가에 대한 대우는 눈에 띈다. 이에야스는 구두쇠라는 이미지가 있지만, 흘러가는 대로 대충 처리해버리는 사람은 아니다. 그런 이에야스가 히데아키의 영지를 거의 두 배로 늘려주었다. 이것만 봐도 히데아키가 단순한 '배신자'라고는 도저히 생각하기 어렵다.

고바야카와가의 진정한 수확량은?

고바야카와 히데아키에 관해 계속 이야기하는 중인데, 사실 이 시대를 잘 아는 사람이라면 한 번쯤 약간 이상하게 생각할 만한 부분이 있다. 세키가하라 전투 당시의 히데아키의 영지인 지쿠젠 나지마에서 과연 30만 석을 수확할 수 있었을까? 정말일까?

상인의 마을이며 서민의 마을이기도 한 하카타(후쿠오카)는 예부터 일본의 관문으로 기능해왔다. 헤이안 시대 후기에는 차이나타운도 형성되어 송의 문물이 활발히 유입되고 있었다. 하카타를 연구하는 고고학자 친구는 (고향에 대한 자부심도 섞여 있었겠지만) "하카타에서 출토되는 유물들은 다른 지역보다 50년이나 앞서 있다"고 자랑스럽게 말하고는 했다.

그 하카타에 영향력을 행사하기 위해 가마쿠라 시대 말기에 분고豊後(오이타가 속했던 옛 지명)의 유력한 무가였던 오토모 가문이 다치바나立花산성을 쌓았다. 후쿠오카시와 히가시구에 걸쳐서 다치바나산에 쌓아올린 이 성은 아래로 하카타가 한눈에 내려다보이는 중요 거점으로, 센고쿠 시대에는 오우치 가문 및 모리 가문(중국 세력)과 오토모 가문 사이에 벌어진 격렬한 쟁탈전의 대상이 되었다.

시마즈 요시히사島津義久가 오토모 요시시게大友義鎭(오토모 소린)를 물리치고 규슈를 통일하려 했을 때, 이 성을 지키던 사람은 오토모 가문의 중신인 약관의 다치바나 무네토라立花宗虎였다. 그는 시마즈군의 맹공을 견뎌내고 도요토미 히데요시에 의해 영주로 격상되어 지쿠고 야나가와의 13만 석을 받았다. 후일 개명하여 무네시게가 되었다. 무네시게는 중규모의 부대를 맡긴다면 센고쿠 시대 최고의 무사가 될 것이라는 말을 들을 만큼 전투에 능했다. 세키가하라 결전에서는 서군이었지만, 오미 오쓰성 공격의 일원으로 세키가하라에서의 결전에는 참가하지 않았다. 이 점도 "세키가하라 결전은 이전부터 예정된 것이 아니라 양군의 움직임 속에서, 말하자면 돌발적으로 일어났다"는 설의 근거가 된다.

　본론으로 돌아가 규슈를 평정한 후, 히데요시는 지쿠젠에 고바야카와 다카카게小早川隆景[2]를 봉했다. 다카카게는 전쟁터인 다치바나산성을 포기하고, 정치의 거점으로서 나지마(후쿠오카시 히가시구 나지마)에 새 성을 건축했다. 그리고 히데아키를 양자로 맞이했다. 그 공적으로 도요토미 정권에서의 지위가 급상승하여 5대 장로의 한 명으로 꼽히기까지 했다. 다카카게가 은거하면서 히데아키가 나지마의 성주가 되고, 나아가 세키가하라 결전 후에 히데아키의 세력이 커져 오카야마로 옮기자, 부젠豊前(지금의 후쿠오카·오이타 두 현에 걸친 지역) 나카쓰中津로부터 구로다 나가마사黑田長政가 지쿠젠 52만 석의 영지를 소유한 영주로서 옮겨왔다. 동

---

2 그는 원래 모리 모토나리毛利元就와 묘쿄 부인의 3남으로 태어났으나 덴분 13년(1543)에 다케하라竹原 고바야카와 가문의 당주 고바야카와 오키카게가 후사를 남기지 않고 사망해 그의 양자가 되었다. 모토나리의 조카(모리 오키모토의 딸)가 오키카게의 아내였던 인연도 있어 다카카게가 양자로 들어가는 과정은 평화적으로 진행되었으며, 다카카게는 다케하라 고바야카와 가문의 당주가 되었다.

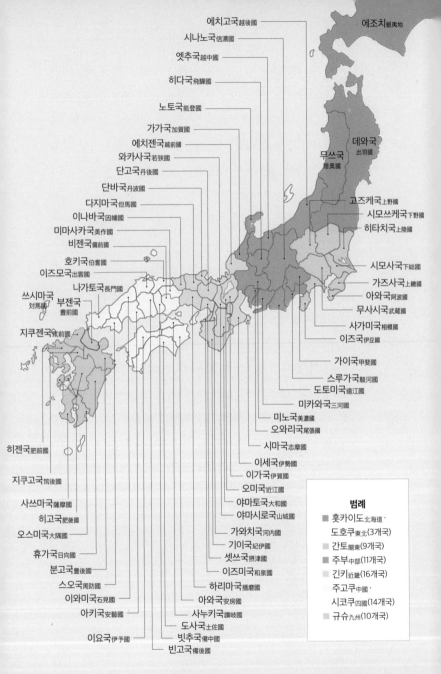

센고쿠 시대 다이묘국.

군의 여러 무장 중 가장 큰 포상을 받은 것이다.

나가마사는 나지마가 성 주변을 정비하기에 부적절하다고 판단하고, 후쿠사키 언덕에 새로운 성을 쌓았다. 구로다 가문과 인연이 있는 비젠備前(지금의 오카야마현의 일부) 후쿠오카를 본떠 후쿠사키를 후쿠오카라고 개칭했는데, 이것이 상인의 마을 하카타와 상대되는 사무라이의 마을 후쿠오카의 시작이다. 그래서 지금도 시의 공식 명칭은 후쿠오카다. 반면 도카이도 산요신칸센의 종착역 이름은 하카타다.

하카타 이야기로 본론에서 벗어났는데, 나지마 시절의 수확량은 도요토미가의 직할령이었기 때문에 정확히는 알 수 없다. 아무튼 30만 석이라고 하는데, 전쟁 전의 연구에서는 이 또한 확실하지 않았다. 당시 100석당 3명의 군사를 배치했다고 하니, 구로다 가문이 52만 석이니 히데아키도 그와 비슷하다고 하면, 고바야카와군은 1만5000명이었을 것이다. 그런데 이는 구 일본제국 육군참모본부가 편찬한 『일본전사日本戰史·세키하라역關原役』의 해석으로 근거가 부족한 수치다.

히데아키의 영지는 30만 석. 그러면 병력도 9000명 정도다. 8000명이라는 사료도 있는데, 나는 9000명이 실제에 가깝다는 생각이 든다. 어쨌거나 대군이라는 점은 부정할 수 없다.

미숙한 군사사 관련 연구

앞서도 언급했지만, 고바야카와 히데아키가 세키가하라 전투에서 인솔한 군사는 1만 5000명이다. 그의 영지가 30만 석 남짓이었다는 점을 감안하면 약간 많다고 할 수 있다. 미키 세이치로三鬼淸一郎에 따르면, 도요토미 히데요시가 조선에 출병했을 당시 영지 100석당 규슈의 영주에게는 5명, 주고쿠·시코쿠의 영주에게는 4명의 군역이 부과되었다고 한다. 예를 들어 20만 석 규모였던 히고肥後(지금의 구마모토현) 북부의 영주인 가토 기요마사加藤淸正에게 부과된 군역은 1만 명이었다. 이는 매우 가혹한 수치로, 조선에 출병한 영주들을 크게 괴롭혔다는 사실은 유명한 이야기다.

제목은 잘 기억나지 않지만, 시바 료타로司馬遼太郎(일본의 소설가)가 40만 석에 1만 명(100석당 2.5명)이라고 썼던 것을 기억하고 있다. 이 정도가 무난한 수치가 아닐까 싶다. 30만 석인 고바야카와가 1만 5000명을 동원했다면, 조선 출병 때와 비슷한 수준이다. 억지로 군사를 모은다면 가능할 수도 있겠지만 세키가하라와 가까운, 이를테면 오와리尾張(지금의 아이치현 서부) 기요스淸洲에 영지가 있는 후쿠시마 마사노리福島正則라면 몰라도 본거지가 하카타인 고바야카와로서는 보급이 여의치 않았을 것이다.

고바야카와의 군사가 1만 5000명이었다고 명기하는 사료가 존재하는 것은 아니다. 앞서 언급한 것처럼 『일본전사·세키하라역』에 그렇게 기재되어 있을 뿐이다. 이 사료는 100석당 3명이었다고 하면서 우키타 히데이에宇喜多秀家가 58만 석에 1만7000여 명, 조소카베 모리치카長宗我部盛親가 22만 석에 6600명 등이라고 기재하고 있다. 그러므로 고바야카와의 지쿠젠국의 영지를 도요토미 가문의 직할지를 제외한 30만 석이 아니라 전후 구로다 나가마사의 지쿠젠국 52만 석과 동일시했을 가능성이 높다. 그렇게 되면 군사는 1만5000명이라는 계산이다. 그러나 고바야카와는 그보다 적은 8000명 정도로 생각해야 하지 않는가.

여기서 주목해야 할 점은 전전의 숫자가 정정되지 않은 채 지금까지 이어지고 있다는 사실이다. 어째서 그런 것일까? 이는 전후 역사학의 동향과 깊은 관련이 있다.

태평양전쟁에 패하면서 일본 사회는 평화에 대한 강렬한 요구에 따라 군사적인 여러 요소를 기피하게 되었다. 전쟁의 비참함을 생각하면 당연한 일인지도 모른다. 그에 따라 일본 사학계에서는 군사에 관한 연구가 멈춰버렸다.

가마쿠라 막부 성립 이후 에도 막부의 붕괴까지 일본에는 쇼군將軍(일본 무신 정권의 수장)이 존재했고, 쇼군은 역사의 추진력으로서 기능했다. 이 쇼군의 권력은 ①주종제적 지배권과 ②통치권적 지배권 두 개로 성립되어 있다는 것이 학계의 정설이다. 간단히 말하면 ①은 전국의 무사를 통솔하는 군사적인 리더이고, ②는 전국을 통치하는 위정자다. 즉 군사와 정치, 이것이 쇼군의 기능이다.

정치사에 관한 연구는 착실히 진전되었다. 그러나 현재에 이르기까지 군사에 관한 연구는 충분하다고 말하기 어렵다. 세키가하라 전투나 나가시노長篠 전투 등 시대를 움직인 전투의 실상조차 병력이나 장비, 전투의 형상까지 해명되지 않은 부분이 아주 많다. 하나같이 그저 소설가에게 의존하는 듯한 느낌조차 든다.

고바야카와 히데아키를 배신자로 단정 지어도 좋을 것인가? 이에 대한 검토도 이루어지지 않았고, 고바야카와군이 1만5000명이라는 근본적인 숫자도 수정되지 않은 채 오랫동안 방치되어왔다.

군사력에 대한 사회적 시선이 냉랭해진 오늘날이기에 더더욱 연구자들이 미숙한 군사사에 주목해야 할 때라고 생각한다.

세키가하라, '최고 포상'의 무공은

구로다 나가마사에게는 세키가하라 전투 후에 지쿠젠국이 주어졌는데, 이는 세키가하라 관련 '최고의 포상'이라 할 수 있다. 나가마사는 세키가하라 전투 당시에는 부젠 나카쓰 12만 석(측량 후에 16만 석 혹은 18만 석이라고도 한다)의 영주였는데, 전후에 52만 석의 대영주가 되었다. 게다가 영지에는 하카타가 속해 있었다. 일본을 대표하는 상업도시가 포함되어 있으니 공적을 가장 높게 평가받은 무장이라는 표현은 적절하다고 할 수 있다.

그렇다면 구로다 나가마사는 어떤 공적을 세웠던 것일까? 전장에서의 활약? 그럴 수도 있겠지만 그보다 중요한 것은 모리 가문의 책략이다. 나가마사의 부친은 도요토미 히데요시의 참모로 유명한 간베 요시다카官兵衛孝高(자리에서 물러난 후에는 조스이如水)다. 구로다 부자는 모리 가문의 깃카와 히로이에吉川廣家와 친분이 깊었다. (조스이가 히로이에에게 보낸 편지에서) "천하가 어떻게 변하건 우리의 우정은 결코 변하지 않는다"고 했을 정도다. 그래서 구로다 부자는 히로이에와 연락을 취하여 난구산南宮山의 모리군을 전투에 참가시키지 않았다.

깃카와 히로이에는 모리 가문의 가신이자 깃카와 모토하루吉川元春3의 후계자였으며 갓산토다성月山富田城(과거 산인山陰 지역 일대를 지배한 아마고尼子 가문의 성)의 성주로 영지는 10만 석 정도였다. 모토나리의 셋째 아들인 고바야카와

---

3 깃카와 모토하루는 깃카와 구니쓰네吉川國經의 외손자이자 모리 모토나리의 차남으로 모토나리가 만든 정치·군사조직인 모리 료센毛利兩川의 일원이었다. 덴분天文 19년(1550) 부친 모토나리의 정략에 의해 깃카와 오키쓰네를 은거시키고, 깃카와 가문의 양자가 되어 가문을 잇게 된다. 깃카와 히로이에는 깃카와 모토하루의 셋째 아들이다.

다카카게小早川隆景는 가히 명장이라 부르기에 부족함이 없는 인물로, 조카인 모리 데루모토毛利輝元(모리 모토나리의 적장자인 모리 다카모토의 장남. 모토나리의 손자)를 보좌하여 모리 가문을 지켜냈다. 다만 다카카게가 도요토미 히데요시에게 접근하여 독립 영주의 지위를 얻어낸 것에 반하여 모토하루는 아무래도 히데요시를 좋아하지 않았던 듯 최대한 접촉을 피한 것 같다. 그 때문인지 요시카와吉川 가문은 어디까지나 모리毛利 가문의 가신으로 취급되었다.

히로이에는 가신들의 우두머리로서 데루모토를 지지했지만, 데루모토가 서군에 가담하고 나아가 총수로 옹립되는 것을 제지하지는 못했다. 히로이에는 나가마사에게 보낸 서신에 "우리 주군이 능숙하지 못하다는 것(요컨대 바보)은 여러분도 잘 아시는 바와 같다"고 썼다. 데루모토의 기량은 이에야스에 한참 모자란다. 모리 가문에 승산은 없다. 그러면 어떻게 할 것인가? 히로이에는 나가마사를 통해 이에야스와 교섭하여 전장에서 도쿠가와 가문과 절대로 교전하지 않도록 조치했다. 그렇게 해서 모리 가문을 벌하지 말아주기를 갈망한 것이다.

만약 세키가하라 전투에서 모리의 대군이 움직였다면? 난구산에는 데루모토를 대리하는 히데모토가 이끄는 모리군과 조소카베 모리치카의 도사군 등 2만5000여 명이 포진해 있었다. 그들이 전력을 다해 싸웠다면 주요 전장에서 이시다 미쓰나리, 우키타 히데이에宇喜多秀家, 고니시 유키나가小西行長 등과 이상적인 협공전을 전개할 수 있었을 것이다. 그러나 모리는 전혀 움직이지 않았다. 난구산 기슭에 포진한 히로이에가 그야말로 몸을 던져 전투에 나서지 못하도록 막은 것이다. 이에야스는 배후의 난구산에 움직임이 없다는 사실을 신중히 확인하고 본진의 군사를 서군과의 전투에 투입하여 완승을 거두었다. 나가마사의 책략은 동군의 승리에 크게 공헌한 것이다.

전후의 논공행상에서 나가마사는 히로이에에게 다음과 같이 전한다. "모리 가문은 멸하기로 결정했습니다. 하지만 기뻐해주십시오. 이에야스 님께서 당신의 공적을 인정하여 두 곳의 영지를 하사하셨습니다." 히로이에는 크게 경악하여 답한다. "저 혼자만의 영달은 의미가 없습니다. 부디 모리의 가명만이라도 남겨주십시오. 앞으로 도쿠가와 가문에 거역하는 일이 있다면 제가 책임을 지고 데루모토를 없애겠습니다." 필사적인 히로이에의 탄원은 마침내 이에야스에게 닿았고, 당초 히로이에에게 하사되었던 스오周防·나가토長門 영지의 영주로서 모리 가문은 가까스로 살아남았다. 다만 그 수확량은 3분의 1로 줄어버렸다.

왜 이에야스는 히데타다군을 기다리지 않았나

전투에는 반드시 공격하는 측과 수비하는 측이 있다. 또한 상대를 공격하는 측에는 싸움을 거는 목적이 있다. 예를 들면 그 유명한 오케하자마桶狹間 전투[4]가 있다. 공격하는 측은 기본적으로 스루가국駿河國[5]의 이마가와 요시모토今川義元다. 그 목적에 대해서는 아직까지 확실히 알려진 바가 없다. 교토로 입성하기 위해서인지, 오다 노부나가織田信長를 멸하기 위해서인지, 오와리 국경 부근을 차지하기 위해서인지. 어쨌거나 그 목적을 토대로 생각하지 않으면 싸움의 전모를 밝히기 힘들다.

그렇다면 세키가하라 전투의 목적은 무엇이었을까? 미노美濃에서의 전투에 한하여 말하자면 공격하는 쪽은 도쿠가와 이에야스 등 동군이고, 막아내는 쪽은 이시다 미쓰나리 등 서군이다. 이에야스의 목적은 서군의 방어진을 돌파하여 도요토미 정권의 중심 지역과 오사카로 향하는 길을 여

---

4 1560년 6월 12일(에이로쿠永祿 3년 5월 19일) 이마가와 요시모토今川義元가 2만5000명의 대군을 이끌고 오와리국尾張國을 침공했다. 그러자 오다 노부나가가 소수의 병력을 이끌고 야간 기습을 가해 이마가와 요시모토를 죽이고 적군을 패퇴시킨 역사상 가장 화려한 역전극으로 일컬어지는 전투.

5 일본 도카이도에 있던 옛 구니國. 현재의 시즈오카현 오이강 좌안의 중부와 북동부에 해당한다. 슨슈駿州라고도 부른다. 후지산의 남쪽 기슭, 태평양을 면한 쪽에 위치한다.

는 것이다. 미쓰나리의 목적은 그와 반대로 동군을 동쪽으로 쫓아내는 것이다. 오사카와 그 인접 지역, 나아가 도요토미 히데요리豊臣秀頼를 이미 확보하고 있는 서군으로서는 당황할 필요가 전혀 없었다. 동군이 공격해오면 그에 응전한다. 이것이 기본이다.

아무래도 미쓰나리는 오와리尾張나 미카와三河 부근에 방위선을 구축하고 싶었던 듯하다. 즉 그가 경애하는 주인이며, 전투의 스승인 도요토미 히데요시가 과거에 이에야스와 싸운 '고마키·나가쿠테小牧·長久手 전투'(1584)[6] 상황을 재현하고 싶었던 것일지도 모른다. 그러나 8월 23일, 단 하루만의 공성전에서 기후성岐阜城(성주는 오다 히데노부織田秀信. 노부나가의 적자)이 동군의 손에 떨어져버렸다. 그래서 방위선을 세키가하라 인근으로 변경하지 않을 수 없었다.

서군의 방어 구상을 가장 잘 설명하는 것은 앞서 소개한 나카이 히토시의 주장이다. 미쓰나리는 오가키성을 첫

---

6 1582년 6월, 통일에 박차를 가하던 오다 노부나가가 교토의 혼노지本能寺에서 가신 아케치 미쓰히데明智光秀의 손에 살해되는 사건이 벌어졌다. 그 후 후계자를 둘러싸고 가신들 사이에 분쟁이 일어나 1584년 4월 우시 히데요시羽柴秀吉(도요토미 히데요시)와 노부나가의 차남 노부오信雄를 지원하는 도쿠가와 이에야스가 서로 싸우게 되었다. 히데요시군과 이에야스군은, 각각 이누야마犬山의 가쿠덴樂田과 고마키산에서 대치했고 히데요시의 별동대가 이에야스의 본거지 오카자키岡崎를 침공함으로써 나가쿠에서 격돌하게 되었다. 이 싸움으로, 히데요시는 이케다 쓰네오키池田恒興, 모도스케元助 부자, 모리 나가요시森長可 등의 유력 무장을 잃게 되었다.

今川義元

彫工宗岡

服部小平太

우타가와 도요노부歌川豊宣, 『오와리 오케하자마 합전尾州桶狭間合戰』

번째 거점으로 삼았다. 두 번째 거점이 모리 히데모토毛利秀元가 포진한 난구산. 세 번째 거점이 마쓰오산성이며, 여기에 주고쿠군, 즉 '모리 데루모토의 본대'를 배치했다. 동군은 세 번의 본격적인 공성전을 거친 후에야 도요토미 정권의 중심 지역으로 나아갈 수 있었다.

그 세 곳을 단단히 수비한다면 양군의 전황은 일진일퇴를 거듭하면서 교착될 것이고 결국에는 '고마키·나가쿠테 전투'에서처럼 화해하기에 이를 것이었다. 히데요리가 수중에 있고, 여러 영주의 인질도 잡고 있었다. 미쓰나리 쪽의 우위가 확실하다고 생각했지만 변수가 발생했다. 이에야스 쪽에 붙은 것이 분명한 고바야카와 히데아키가 '요충지'인 마쓰오산성을 점령해버린 것이다. 그러면서 전황은 순식간에 뒤집혔다.

다만 '왜 이에야스는 히데타다군을 기다리지 않았는가?' 하는 점에서 동군의 행보를 이해하기 어려운 면이 있다. 애초에 이에야스는 서군을 향해 진군하면서 멀지 않던 곳에 있는 시나노信濃 우에다성上田城을 치기 위해 적자嫡子 히데타다에게 3만 명의 대군을 내주고 자신은 도산도東山道로 진군하지 않았다.[7] 그런데 '미카와 이래'의 정예군은 거의 이쪽에 포함되어 있어 히데타다군이야말로 도쿠가와의 본

---

7 일본의 옛 칠도七道의 하나로, 지금의 시가滋賀현에서 중부 지방의 산간부와 간토關東 북부를 거쳐 오우奧羽 지방에 이르는 지역.

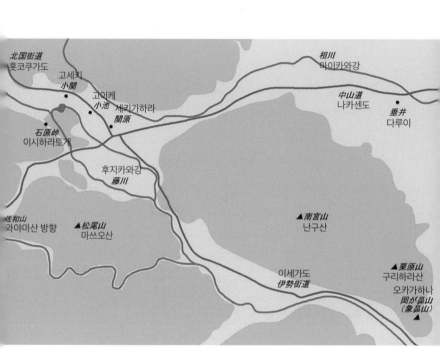

세키가하라 주변 지도.

대라 해도 과언이 아니었다. 그 히데타다군은 널리 알려진 것처럼 우에다성을 지키던 사나다 마사유키眞田昌幸를 공격하느라 아직 미노에 도착하지 않았다.

왜 이에야스는 3만 대군의 도착을 기다리지 않고 공격을 단행했는가? 게다가 그 대군은 우군이면서도 가장 신뢰할 수 있는 군대였을 텐데 말이다.

그 이유는 역시 고바야카와군의 마쓰오산성 점령에 숨어 있지 않겠는가? 즉, 방어 구상이 완전히 무너져 당황하는 서군을 공격한다는 것. 난구산에 주둔한 모리군 외 3만 명은 깃카와 히로이에가 막아줄 것이다. 제대로 된 서군의 전력은 이시다 미쓰나리, 우키타 히데이에, 고니시 유키나가뿐이다. 그렇다면 지원군을 기다리지 않아도 충분히 이길 수 있다. 야전의 명수인 이에야스는 그렇게 생각한 것이리라. 그 생각은 정확히 맞아떨어졌다.

유명한 에피소드의 근거는 어디에

구로다 조스이(통칭은 간베)는 시대의 모사꾼으로 유명하다. 도요토미 히데요시가 하시바 지쿠젠노카미羽柴筑前守로 불리던 시절에 조스이를 보좌하던 히데요시는 조스이의 능력을 누구보다 잘 알고 있었다. 그러나 일본을 통일한 후에는 조스이를 중앙 정권에 등용하지 않았다. 게다가 영지도 부젠 나카쓰 12만 석밖에 주지 않았다. 그 이유를 묻는 측근에게 히데요시는 "권력이나 넓은 영지를 줘봐라. 그놈은 천하를 제 것으로 해버릴 것이다"라고 답했다고 한다.

조스이와 관련해서는 이런 식의 재미있는 에피소드가 많다. 그중에서도 '짚신 한 짝, 나막신 한 짝'이라는 이야기는 상당히 인상적이다. 임종을 앞둔 조스이가 아들인 나가마사를 불러 '내 유품'이라며 짚신 한 짝과 나막신 한 짝을 내밀었다. 대체 무슨 뜻인지 골몰히 생각하는 나가마사에게 조스이가 말한다. "결정적인 순간에는 망설이지 마라. 한 발에는 짚신, 다른 한 발에는 나막신을 신고 뛰쳐나갈 정도의 행동력이 필요하다."

이 이야기를 조금 다르게 해석하기도 한다. 나가마사는 신중한 성격으로, 구리야마 도시야스栗山善助 등과 같은 가신들을 불러 의견을 듣는 일이 많았던 듯하다. 그래서 조스이는 말한다. "너는 지도자다. 지도자의 책임이란 결단하는 것이다. 때때로 너는 결단이 늦다. 한 발에는 짚신, 다른 한 발에는 나막신을 신고 뛰쳐나갈 정도로 민첩한 결단을 내리도록 힘써라. 결단할 용기를 가져라."

과연 대단하지 않은가. 결단한다는 행위 자체가 권력의 본질이라 할 수 있다. 상당히 깊이 있는 지적이다. (내 아내이며 동료 중세사 연구자인 혼고 게코本鄕惠子 교수의 고찰과 동일한 내용이다. 『쇼군 권력의 발견將軍權力の發見』, 고단샤, 2010)

어쨌거나 좋은 이야기다. 언젠가 이 이야기의 근거가 되는 사료를 찾아보았는데 없었다. 에도 시대 후기에는 우리 영주의 조상이 이렇게 훌륭했다는 식의 일화가 많이 만들어졌다. 그래서 그러한 종류의 일화라도 없는지 찾아보았지만, 그것조차 없었다. 다만 구로다 가문의 영토인 지쿠젠에 전해져 내려오는 민화에는 비슷한 내용이 있는 것 같다. 민화가 근거라니 가져다 쓰기에는 조금 민망하다는 생각이 들었다.

사실 그런 일들은 흔하다. 세키가하라 전투와 관련하여 유명한 이야기로는 '오타니 요시쓰구大谷吉繼의 차'가 이에 해당한다. 어느 날 히데요시의 다과회에 초대된 여러 장수가 고급 찻잔에 든 차를 한 입씩 마시고 다음 사람에게 넘겼다. 그런데 요시쓰구가 입을 대자 그 뒷사람들은 마시는 척만 하기 시작했다. 요시쓰구가 병에 걸려 있었기 때문에 옮을까 두려웠던 것이다. 그런데 이시다 미쓰나리만은 아무렇지도 않게 차를 마셨다. 감격한 요시쓰구는 미쓰나리와 문경지교刎頸之交(목을 베어 줄 수 있을 정도의 벗)를 맺었다. 요시쓰구는 세키가하라에서도 미쓰나리와의 우정을 중시하여 패할 것을 알면서도 서군에 가담했다. 생명을 건 그의 분전은 적군마저 감동시켜 요시쓰구의 무덤은 격전을 벌인 도도 다카토라藤堂高虎에 의해 세워졌다.

이 다과회의 일화는 사람들의 입에 자주 회자되므로, 아마 역사를 좋아하는 사람이라면 누구나 알고 있을 것이다. 그런데 이 일화 또한 그 근거를 알 수 없다. 찾아보았지만 에도 시대까지 거슬러 올라가기가 힘들다. 메이지부터 다이쇼에 걸친 저널리스트이며 정치가인 후쿠모토 니치난福本日南의 『영웅론英雄論』(1911)에서는 미쓰나리가 아닌 히데요시와의 이야기로 실려 있다. 내가 알고 있는 바로는 이것이 가장 오래된 이야기다. 만약 누군가 이 일화의 근거를 알고 있다면 꼭 알려주기 바란다.

'천하를 제패한 자'의 탄생

세키가하라 전투에서 도쿠가와 이에야스의 목적은 도요토미 히데요시의 본거지로 향하는 길을 여는 것이라고 앞에서 이야기했다. 그 목적을 위해 이에야스는 이시다 미쓰나리 등이 구축한 방위선을 돌파했다. 그렇다면 그 후에는 무엇을 하고 싶었던 것일까? 아이즈會津의 우에스기 가게카쓰上杉景勝를 토벌하기 위해 오사카성을 출발하면서 시작된 일련의 전투에서 이에야스의 최종 목표는 대체 무엇이었을까?

그것은 도요토미 정권의 본거지인 오사카성을 수중에 넣고, 도요토미 히데요리의 신병을 확보하여 자신의 지배하에 두는 것이었다. 전 정권의 후계자를 장악하고, 신정권

도쿠가와 이에야스의 초상.

을 수립한다. 명확한 절차가 있는 것도 아니고 의식이 행해진 것도 아니지만, 도요토미에서 도쿠가와로 암묵적인 선양이 이행되는 것이다. 이 방식은 어쩌면 다름 아닌 도요토미 히데요시를 따른 것이었다. 히데요시는 오다 노부나가의 적자(혼노지의 변本能寺の變 당시 오다 가문의 당주인 노부나가의 자식)인 산보시三法師(후일의 히데노부)의 후견인이 되면서 오다에서 도요토미로의 정권 이양을 이루었으니 말이다.

우선 유의해야 할 점은 여기에 천황의 존재가 보이지 않는다는 점이다. 과거 아시카가 다카우지足利尊氏는 지묘인持明院 계통(고다이고後醍醐 천황의 다이카쿠지大覺寺 계통과 대치하는 황족)인 고곤光嚴 천황을 추대하여 무로마치 정권의 정당성을 전국에 알렸다. 히데요시도 천황을 보좌하는 간바쿠關白직에 취임하여 실질적인 권력을 행사했다.

그러나 이에야스는 그 같은 행보를 취하지 않았다. 이시다 미쓰나리가 이끄는 서군을 물리쳤다는 업적, 나아가 다른 영주들과는 비교할 수 없을 정도로 압도적인 전력과 병력. 즉 '실력'을 갖추고 어린 히데요리에게서 정권을 탈취한 것이다. 그러므로 이에야스에게는 천황의 조력이 필요 없었다. 이에야스가 교토나 오사카, 후시미가 아닌 에도를 새로운 일본의 중심으로 선택한 것은 이와 같은 배경과 밀접한 관련이 있어 보인다.

만약 서군의 '후미後尾'가 든든했다면 어떻게 되었을까?

1570년에 에치젠越前(지금의 후쿠이현 동북부)의 아사쿠라朝倉 영지를 침공한 오다 노부나가는 신뢰해 마지않던 아자이 나가마사淺井長政의 배신에 아사쿠라군의 추격을 받으며 퇴각할 수밖에 없었다. 이때 기노시타 히데요시木下秀吉, 아케치 미쓰히데明智光秀, 이케다 가쓰마사池田勝正 등이 후미에서 아사쿠라군을 어떻게든 막아주었기 때문에 오다군은 괴멸되지 않고 교토로 귀환할 수 있었다.

이와 마찬가지로, 예를 들어 수가 많은 우키타군이 전멸을 각오하고 후미를 맡아 이시다군이나 고니시군을 세키가하라에서 탈출시키는 데 성공했다면 어떻게 되었을까? 천하를 판가름하는 두 번째 전투는 오사카성 공방전이 되었을지도 모른다고 나는 생각한다.

어쨌거나 오사카성에는 (명목상이라 해도) 서군의 총수인 모리 데루모토가 있었다. 그 밖에도 서군에는 단고丹後의 다나베성田邊城을 공격하던 오노기 시게카쓰小野木重勝 등 1만5000명과 오미近江의 오쓰성大津城을 공격하던 모리 모토야스毛利元康 등 1만5000명이 있었다. 여기에 세키가하라에서 퇴각한 병사를 더하면 5만 명 정도의 병력이 된다. 이들이 난공불락의 오사카성 안에서 공성전을 벌였다면 전투는 상당히 격렬해졌을 것이다. 실제로 오쓰성을 공격했던 다치바나 무네토라는 오사카성에서의 일전을 데루모토에게 진언했다.

하지만 실제로는 미쓰나리 등 주 전력은 이미 사라졌고, 모리 데루모토는 9월 22일 무력하게 성에서 퇴각했고, 9월 27일에 도쿠가와 이에야스가 입성했다. 이때부터 이에야스는 새로이 '천하를 제패한 자'가 되었다. 그렇게 생각하는 것이 타당하지 않을까?

표변한 이에야스

천하를 얻으려면 도요토미 히데요리와 오사카성을 수중에 넣어야 한다. 그러나 지금 오사카성에는 모리 데루모토가 주둔하고 있다. 만약 데루모토가 살아남은 서군의 여러 장군과 연락을 취하여 공성전을 벌이게 되면 매우 귀찮아진다. 도요토미의 영주들은 히데요리가 전투에 휘말리는 것을 원하지 않을 것이다. 게다가 오사카성은 도요토미 히데요시가 재산과 시간을 아낌없이 투자하여 세운 유명한 성이다. 군사적으로도 함락시키기가 쉽지 않다. 그렇다면 어떻게든 교섭을 통해 데루모토와 모리군을 퇴각시키는 것 외에는 방법이 없다.

세키가하라에서 완승한 도쿠가와 이에야스는 아마도 그렇게 생각했을 것이다. 1600년 9월 15일 세키가하라 전투가 시작되었다. 이틀 후인 17일에 동군은 이시다 미쓰나리의 성인 오미의 사와산성을 공격하기 시작해 이튿날에 함락시켰다. 이에야스는 이날 구로다 나가마사, 후쿠시마 마사노리에게 명하여 모리 데루모토에게 편지를 쓰게 했다.

A: 모리 가문의 깃카와 히로이에와 후쿠하라 히로토시福原廣俊(모리 가문의 가신)가 세키가하라 전투에서 이에야스에게 충성을 다했다(난구산의 모리 대군을 저지하여 전투에 참가시키지 않았던 사실을 가리킨다). 그러므로 이에야스는 데루모토를 소홀히 여기지 않겠다. 후쿠하라를 오사카성으로 파견하겠다. 그가 자세히 이야기할 것이다. (모리 가문 문서)

문제는 후쿠하라가 데루모토에게 무엇을 이야기했는가 하는 것이다. 그러나 이것은 구두로 전해진 대화로서 확실한 사료가 남아 있지 않다. 여하튼 데루모토는 19일 자로 구로다 후쿠시마에게 다음과 같은 답신을 보냈다.

B: 편지는 잘 받아보았다. 이에야스의 호의에 감사한다. 특히 '모리의 영지에 변함이 없다'는 사실에 안도하고 있다. 두 사람 모두 앞으로도 잘 부탁한다. (모리 가문 문서)

모리의 영지에 변함이 없다, 즉 유지되었다는 말은 A의 어디에도 쓰여 있지 않다. 따라서 데루모토가 그것을 후쿠하라의 입을 통해 들었다는 말이 된다. 증거는 어디에도 없다. 그러나 데루모토는 이것으로 모리는 면죄되었다고 만세를 외치며 한시름 놓았을 것이다. 데루모토는 22일에 군사를 이끌고 오사카성을 나와 자신의 아키安藝 히로시마성으로 돌아갔다. 27일에 이에야스는 당당하게 오사카성에 입성하여 천하를 얻은 자로서 행동하기 시작했다. 그 시작은 논공행상을 정하는 것이었다.

10월 2일에 이에야스의 태도가 돌변했다. 구로다 나가마사가 깃카와 히로이에에게 보낸 서신이다.

C: 데루모토의 일신에 관한 일입니다. 저와 후쿠시마가 필사적으로 노력했습니다만 도움이 되지 못했습니다. 이시다 미쓰나리 등과 공모한 사실을 드러내는 문서가 하나둘씩 등장했을 뿐 아니라 (서군 총대장으로) 시코쿠에 출병한 사실도 확인되었습니다. 이런 상황에서는 그 목숨은 부지하기 어려우며, 모리가는 멸문을 피할 수 없을 것입니다. (깃카와 문서)

이 소식에 크게 놀란 히로이에는 자신의 공적을 대신하여 부디 모리 가문을 구해달라고 온 마음으로 청원했다. 그 결과, 모리 가문은 본래는 히로이에에게 하사되었을 스오, 나가토 두 영지의 영주로서 존속하게 되었다. 그 전말은 이 장에서 앞서 언급한 바와 같다.

그렇다면 이에야스의 달라진 태도를 어떻게 이해할 수 있을까? 처음부터 거짓말을 했다고 치부할 수도 있겠지만, 그래도 좋을까? 그에 관한 내 견해는 뒤에서 밝히기로 한다.

모리 데루모토의 운명

1600년 9월 19일경 도쿠가와 이에야스의 진영에서 후쿠하라 히로토시가 오사카성의 모리 데루모토를 대면하여 아마도 '모리 가문의 영지는 그대로 유지한다'는 이에야스의 뜻을 전했을 것이다. 데루모토는 크게 기뻐하며 22일 오사카성에서 퇴각하여 히로시마로 돌아갔다. 그런데 10월 2일, 처음과는 전혀 다른 이에야스의 의향이 모리 가문에 전달되었다. "데루모토가 서군의 총대장으로 전투에 참가했다는 것은 의심할 바 없는 사실이다. 증거가 명백히 드러났다. 데루모토의 죽음과 모리 가문의 멸문은 피할 수 없다."

이에야스 그리고 협상 과정에서 일약을 담당한 구로다 나가마사, 후쿠시마 마사노리는 처음부터 모리 데루모토를 한 방 먹일 생각으로 계략을 세웠던 것일까? '옳거니, 순진한 데루모토를 감쪽같이 속여 넘겼다'며 득의양양했던 것일까? 물론 그런 해석도 충분히 성립된다. 어떤 연구자들은 구로다 조스이, 나가마사 부자가 훨씬 오래전부터 '나와 그대의 우정은 세상이 어찌 변하더라도 결코 바뀌지 않을 것'

이라는 그럴싸한 말로 모리 가문의 깃카와 히로이에를 속여 세키가하라에서 모리군의 발을 묶는 데 성공했다고 해석한다. 논공행상에서 데루모토가 빼앗긴 히로시마성을 후쿠시마 마사노리가 여봐란듯이 손에 넣었다는 사실도 어딘가 수상쩍다.

하지만 잠깐 생각해보라. 무가의 전투는 본래 훨씬 잔혹하다. 승자는 모든 것을 얻고, 패자는 전부를 빼앗긴다. 명예와 재산, 자신과 가족의 생명까지. 하물며 천하를 판가름하는 전투다. 승리하면 천하를 장악하게 되지만 패하면 목이 잘린다. 이것이 무가武家 사회의 상식이다. 이에야스를 정벌하라는 명령을 내리면서도 패한 후에 영지를 보전할 수 있을 것으로 생각했다면 데루모토가 너무 낙관적이었던 것이 아닌가?

결국 깃카와 히로이에의 뛰어난 협상 덕분에 모리 가문은 비록 영지 3분의 2를 잃었지만 존속되었고, 데루모토는 목숨을 부지했다. 히로이에는 아마도 그러한 결말에 나름대로 납득한 듯 보인다. 그 증거로 구로다 가문과 깃카와 가문은 이후에도 원만한 관계를 유지했다. 구로다 가문이 후쿠오카 52만 석의 대영주가 되고, 깃카와 가문이 이와쿠니 3만 석으로 몰락한 후에도 그 관계는 이어졌다. 구로다 조스이의 "우리의 우정은……"은 거짓이 아니었던 것이다.

오늘날 모리 가문의 문서는 호후防府시의 모리박물관에

소장되어 있다. 모리 가문은 에도 시대 중기, 가마쿠라 시대 초부터의 매우 중요한 문서 1500점가량을 두루마리 형태로 정리하여 소중히 보관해왔다. 그런데 두루마리가 아닌 형태로 특별히 칠공예의 호화로운 상자에 귀하게 보존된 문서가 있다. 그 문서는 우리 사료편찬소가 간행한 『모리가 문서毛利家文書』에도 수록되지 않은 특별한 것이다. 그것은 1600년 10월 10일, 도쿠가와 이에야스가 모리 가문에 보낸 "모리 데루모토는 살려둔다. 그리고 모리 가문에 스오와 나가토의 영지 두 곳을 하사한다"고 쓴 서약문이다.

만약 데루모토 또는 모리 가문이 '이에야스 놈에게 속았다!'고 격노했다면 그 문서를 그렇게 소중히 다뤘을 리가 없다. '가만 생각해보니 정말 잘된 일이다! 아아, 멸문을 당하지 않다니 얼마나 다행인가.' 세키가하라 전투 직후에는 어땠는지 몰라도 시간이 지나 냉정을 찾은 그들은 진심으로 그렇게 생각하게 되었다. 그러한 생각이 서약문을 소중히 간직하게 만든 것이 아닐까?

제2장

나오에조에 이에야스는 분노했는가

세키가하라 고찰2

나오에 가네쓰구라는 무장

　도쿠가와 이에야스와 우에스기 가게카쓰의 외교전은 세키가하라 전투의 전단계라 할 수 있다. 에치고越後에서 아이즈會津로 옮긴 우에스기 가게카쓰는 곧바로 120만 석의 영지를 정비하고 군비 증강을 추진했는데, 주변의 여러 영주는 그러한 우에스기의 움직임을 '모반의 준비'로 보고했다. 그러자 도요토미의 다섯 장로 중 우두머리였던 도쿠가와 이에야스는 가게카쓰에게 상경할 것을 요구했다. 그런데 가게카쓰는 그 요구를 거부했다. 이에야스가 그러한 가게카쓰의 행동을 소명하는 사자를 보내라고 거듭 명하자 우에스기 가문의 가신인 나오에 가네쓰구直江兼績는 이에야스의 요구를 당당히 거부하는 서신을 보냈다. 그 유명한 '나오에

조直江狀'다.

"장군님의 무사들이 찻잔 같은 '아름다운 도구'를 갖는 것처럼 우리 시골 무사는 총포나 활을 갖습니다. 그러하니 각 영지의 풍습이라 생각하시면 별일 아닐 것입니다"라고 이에야스를 크게 조롱하며 한 방 먹인 '나오에조'는 센고쿠사 분야의 최고봉인 구와타 다다치카桑田忠親가 검토한 이래 위조품이라는 설이 유력했다. 그러나 야마모토 히로후미山本博文 등의 최근 논의에 따르면, 진품으로 봐도 지장이 없는 듯하다.

진짜인지 가짜인지에 대한 논쟁은 차치하고, 나는 나오에 가네쓰구라는 사람을 좋아한다. 어린 시절 사카구치 안고坂口安吾(일본의 소설가)의 「나오에 야마시로直江山城」(가네쓰구는 야마시로를 지키는 관리였다)라는 글을 읽었기 때문인지도 모른다. 어떤 책에 수록되었는지는 잊었지만, 그 속에서 안고는 이렇게 썼다. "우리 니가타가 낳은 대표적 무인은 우에스기 겐신上杉謙信, 나오에 가네쓰구, 야마모토 이소로쿠山本五十六다." "겐신의 제자가 가네쓰구, 가네쓰구의 제자가 사나다 유키무라眞田幸村. 그중에서도 가장 뛰어난 인물은 사물의 본질을 꿰뚫는 나오에 가네쓰구다."

다테 마사무네伊達政宗가 당시로서는 희귀했던 덴쇼오반天正大判(도요토미 가문에서 제조를 명한 금화)을 입수하여 영주들에게 보이며 자랑할 때, 가네쓰구는 덴쇼오반에 손을 대지 않고 부채로 받아 노려보기만 했다. 주종관계에 해당하므로 어려워하여 손을 내밀지 않은 것으로 착각한 마사무네가 "손으로 집어 만져봐도 된다"고 하자 가네쓰구는 "겐신 님을 이어 전투를 지휘해온 손입니다. 이런 천한 물건에 손을 댈 수는 없습니다"라고 말했다고 한다(에도 중기의 일화집 『조잔키단常山紀談』). 마사무네는 필시 벌레를 씹은 표정이었으리라.

이런 시도 있다. "봄철 기러기가 나를 닮았나, 내가 기러기를 닮았나. 낙양성과 꽃을 뒤로하고 돌아가련다." 봄이 되면 추운 나라로 되돌아가는 기러기는 마치 내 모습과 같다. 꽃의 도시는 벚꽃이 한창이지만, 이제 나는 내가 있어야 할 북쪽 나라로 돌아가겠다. 어쩐지 굉장히 멋있지 않은가?

아무튼 가장 멋진 것은 잘 알려진 바와 같이 투구 앞에 장식한 '사랑愛'이 아닐까? 다만 주의해야 할 것은 여기서의 '사랑'은 인간에 대한 사랑이 아니라 아타고곤겐愛宕權現에 대한 사랑이라는 점이다. 이는 비사문천毘沙門天(불교의 사천왕 중 하나)을 섬겼던 겐신이 '비毘'의 깃발을 들었던 것과 같다. 자신의 믿음을 드러내며, 전투에서의 분투를 맹세한 투구인 것이다. 수년 전에 방영된 대하드라마 「천지인天地人」에서는 '인애仁愛'의 사랑이라고 궁색하게 설명했지만, 드라마라 실제와 다르더라도 상관없으려나.

그런데 생각할수록 가네쓰구가 섬겼던 대상이 아타고곤겐이어서 무척 다행인 듯싶다. 그 대상이 만약 이즈나곤겐飯縄權現이었다면⋯⋯. 이즈나곤겐은 시나노信濃의 이즈나야마가 발상지로서, 우에스기 겐신이나 다케다 신겐도 섬기던 신이다. 겐신 등은 이즈나곤겐상을 투구 앞에 장식했을 정도다. 그러므로 이즈나곤겐은 가네쓰구에게도 물론 경애의 대상이었을 것이다. 그래서 만약 그 신앙을 토대로 투구를 만들었다면

가네쓰구의 투구 앞에
장식된 '사랑愛' 표식.

투구 앞에 장식된 것은 '사랑'이 아니고 '밥飯'! 어이쿠, 그런 투구를 쓰고 드라마 주인공이라니 조금 미묘하지 않은가.

2인자를 향한 히데요시의 뜨거운 시선

"무사도는 그 죽음을 통해 드러난다"는 문장으로 유명한 『하가쿠레葉隱』(에도 중기에 편찬된 무사도에 관한 책)에 실린 다음과 같은 이야기에 나오에 가네쓰구가 등장한다(문서 10). 도요토미 히데요시가 말했다. "천하를 손에 넣으려면 큰 기운大氣, 용기, 지혜 이 세 가지가 필요하다." 과연, 그럴 듯하다. 용기와 지혜는 알겠지만, 큰 기운大氣은 현대에는 쓰이지 않는 말인데 기개 정도로 이해하면 될 것이다.

히데요시의 말을 이어가겠다. "우에스기 가문의 가신인 나오에 가네쓰구, 모리 가문의 가신인 고바야카와 다카카게, 류조지龍造寺 가문의 가신인 나베시마 나오시게鍋島直茂 이 세 사람은 각각 세 가지 중 두 가지를 갖고 있다. 나오에는 기개와 용기가 있고, 지혜가 없다. 고바야카와는 기개와 지혜가 있고, 용기가 없다. 나베시마는 용기와 지혜는 있지만 기개가 없다. 다만 영주들 중에는 두 가지를 갖추고 있는 자조차 한 사람도 없다."

이 이야기를 읽고 재미있었던 점은 내용의 설득력이라기보다는 이른바 '2인자'를 향한 히데요시의 뜨거운 시선이다. 히데요시라는 인물은 분명히 각 영주 가문 내 가장 큰 부대의 우두머리(가사이家宰 또는 슈쿠로宿老라 불렸다)에게 강한 흥미를 갖고 그들을 후대했다. 나오에 가네쓰구에 대해서도 그러했다.

그 이유는 무엇이었을까? 가네쓰구를 끌어들여 우에스기 가문의 정보를 캐내려던 것이었을까? 혹은 가네쓰구와 주군인 우에스기 가게카쓰의 관계에 틈을 만들어 우에스기 가문에 해를 끼치려던 것이었을까? 또는 정치적인 술책과 상관없이 태생적으로 히데요시가 유능한 인물을 좋아했던 것인지 나로서는 잘 모르겠다.

유명한 사례로 먼저 이시카와 가즈마사石川數正가 떠오른다. 도쿠가와 이에야스의 중신(사카이 다다쓰구酒井忠次가 첫 번째이고 그 뒤를 이었다)이었던 가즈마사는 히데요시와 협상하는 역할을 맡았는데, 이에야스와 히데요시가 부딪친 고마키·나가쿠테 전투의 이듬해인 1585년에 도쿠가와 가문을 나와 히데요시의 가신이 되었다. 가와치에서 8만 석을 하사받았다가 이에야스가 간토로 옮기자 마치 이에야스의 감시역이라도 맡은 듯 시나노 마쓰모토 10만 석으로 이동되었다.

시마즈島津 가문으로 말하자면, 이주인 다다무네伊集院忠棟가 이에 해당한다. 다다무네는 일찍부터 시마즈 가문의 존속을 위해 히데요시 정권과의 강화를 주장하며, 오사카와 가고시마의 교섭에 임했다. 히데요시는 다다무네를 높이 평가하여 시마즈 가문이 항복한 후에 오스미국의 기모쓰키肝屬군을 직접 하사했다(후일의 휴가日向 미야코노조都城로 8만 석). 시마즈 본가는 다다무네의 행동을 위험하게 여겨 히데요시가 죽은 후에 살해했다. 다다무네의 자식인 다다자네忠眞는 미야코노조에서 반란을 일으키고(쇼나이莊內의 난), 이 반란에 대응하느라 시마즈 가문은 세키가하라에 군사를 충분히 보내지 못했다.

히데요시는 당연히 나오에, 고바야카와, 나베시마 이 세 사람에게도 손을 내밀었을 것으로 추측된다. 이 가운데 나베시마 나오시게는 모시던 류조지 가문을 대신하여 사가 35만여 석의 영주를 자처했다. 나베시마 사가번은 에도 시대가 되어서야 정식으로 성립되지만, 류조지 가문과의 다툼은 '고양이요괴 소동'으로서 세상을 떠들썩하게 했다. 고바야카와 다카카게는 조카인 모리 데루모토를 계속 이끌어가면서 본인도 도요토미의 영주가 되었다. 지쿠젠 나지마 37만 석이다. 이에 대해서는 이 책에서도 여러 번 언급한 것처럼 양자인 히데아키로 이어졌다.

이에 반해 나오에 가네쓰구는 철두철미하게 우에스기 가문의 가신으로서의 입장을 견지했다. 나오시게, 다카카게를 폄훼할 생각은 없지만, 그래도 역시 가네쓰구의 삶은 멋지다고 생각한다. 내가 그를 좋아하는 이유다.

남자로서의 과업과 의리

"의리나 정직만 중시하느라 마음이 군색해서는 남자로서의 과업을 이룰 수 없다."

앞서 언급한 히젠국(사가번)의 태수인 나베시마 나오시게가 한 말이다. 거대한 사가성의 망루에서 밖을 내다보던 그는 한숨을 쉬며 말했다. 아아, 우리 히젠의 창끝은 완전히 무뎌지고 말았구나. 오가는 사람은 모두 머리를 숙이고 땅만 보며 걸었다. 참으로 온순해지고 말았다. 의리와 정직만 중시하느라 담이 작아져버려서는 '남자로서의 과업'을 이룰 수 없다. 때로는 거짓을 말하고 허풍을 떨 정도로 담대한 마음이 무사에게는 필요하다.

이 이야기의 직접적인 출처는 『명장언행록名將言行錄』이므로 어디까지가 사실인지 보증하기는 어렵다. 그러나 '하가쿠레' 무사를 키운 나베시마의 영주에 어울리는 일화라고 생각한다. 발차 종소리에 쫓겨 올라탄 전철의 여성 전용칸에서 여성들의 차가운 시선을 깨닫고 거듭 미안하다고 사과하며 허둥지둥 다른 칸으로 이동한다. 그런 나이기에 더더욱 '남자의 과업'이라는 말에 마음을 빼앗긴다. 나오시게가 바라는 무사들이 정말 그 전철 안을 어슬렁거리고 있었다면 필시 꽤 귀찮은 상황이 벌어졌을 거라 생각하지만 말이다.

그런데 이 이야기에서 별 볼일 없이 취급되는 '의리'에 대해 말하자면, 역시 의리 하면 도쿠가와 이에야스의 대명사다. 만년에는 거두절미하고 오직 도요토미가를 깨부수는 데 열심이었기 때문에 이에야스는 '악질 아저씨'의 이미지가 강하다. 하지만 노부나가와 도요토미 정권하에서의 그는 '의리의 사나이'로 통했다. 왜 그런 평가를 받았을까? 아마도 가장 큰 이유는 노부나가와의 동맹을 굳건히 지켰기 때문일 것이다.

1562년 미카와에서 독립하자마자 이에야스는 오와리 일국의 영주에 불과했던 노부나가와 공수동맹(기요스동맹淸洲同盟)을 맺었다. 그 결과, 이에야스는 미카와를 평정하고, 노부나가는 동쪽에 신경 쓰지 않고 미노 공략에 전력을 다하게 되었다.

이후 이에야스는 이마가와령을 잠식하면서 강대한 다케다가의 공세에 홀로 맞서 노부나가의 기나이 약진을 지탱했다. 위기에 직면하여 충분한 지원군을 받지 못해도(미카타가하라 전투 등), 처자식의 처벌을 명령받아도(다만 적자인 노부야스信康의 배제는 이에야스의 뜻이기도 했다는 설이 있다) 결코 노부나가의 뜻에 반하는 일은 하지 않았다.

우리는 이 '오다=도쿠가와 동맹'에 대해 잘 알고 있기 때문에 이것이 얼마나 희귀한 것이었는지를 오히려 간과하고 있지는 않은가? 센고쿠 시대 영주 위의 권력, 이를테면 조정, 막부, 종교가 충분히 기능하지 않았던 이 시대에 동맹의 준수를 호소하는 강제력은 없는 것과 다름없었다. 이득이 되지 않는 동맹이 한쪽의 사정에 따라 쉽게 파기된 사례는 얼마든지 있다. 그런 가운데 이에야스는 맹약을 계속 굳건히 지켰다.

이에야스의 그러한 의리 있는 태도는 영주로서 그에 대한 '신뢰감'을 형성했다. 이에야스라면 충분히 신뢰할 수 있다. 안심하고 교섭에 임할 수 있고, 가신으로서 섬길 수도 있다. 그러한 '신뢰감'이야말로 노부나가가 횡사한 후에 이에야스가 광대한 영지와 가신을 획득하는 데 밑바탕이 되었을 것이다. 주군의 의리를 존경하는 도쿠가와의 강력한 군대는 도요토미 히데요시의 대군에도 굴하지 않고(고마키·나가쿠테 전투), 마침내 이에야스로 하여금 천하를 손에 넣도록 만들었다.

'에도江戸'는 '에도穢土'

나오에 가네쓰구의 바로 아래 남동생인 히구치 요시치樋口与七는 주군인 우에스기 가게카쓰의 명에 따라 오구니小國 가문의 데릴사위로 들어가 오구니 사네요리小國實頼가 되었다. 오구니가는 '누에鵺(일본의 전설에 나오는 괴물—옮긴이) 퇴치'로 유명한 미나모토노 요리마사源頼政의 남동생의 자손이다. 예부터 에치고·오구니 영토를 지배해온 명가다. 그런데 후일 사네요리는 오구니小國의 성을 오구니大國로 고쳤다. 작은 것보다는 큰 것이 낫다는 단순한 이유였을 것이다. 그러고 보니 오사카大坂도 원래는 오사카小坂였다고 한다.

가케가쓰의 양부인 우에스기 겐신도 이름을 바꾼 인물이다. 겐신은 두 번이나 이름을 바꾸었다. 처음에는 나가오 가게토라長尾景虎, 그다음에 간토의 관리였던 우에스기 노리마사上杉憲政의 양자가 되어 우에스기 마사토라上杉政虎, 마지막으로 쇼군 아시카가 요시테루足利義輝로부터 한 글자를 받아 우에스기 데루토라上杉輝虎. 마치 출세어와 같지 않은가. 이름을 바꾼 또 다른 사람으로 다테가의 중신인 모니와 쓰나모토茂庭綱元가 있다. 그의 성은 원래 '오니와鬼庭'다. 다테가의 가신으로서 도요토미 히데요시와의 교섭에 임했는데, 오니鬼는 흉하다는 이유로 히데요시의 명령에 따라 '모니와'로 바꾸었다고 한다. 아울러 2인자에게 관심이 많았던 히데요시는 이 쓰나모토를 꽤 마음에 들어해서 직속 신하로 삼으려 했으며, 자신의 애첩(고노마에香の前)도 주었다. 그녀가 낳은 딸(아버지는 쓰나모토라고도, 다테 마사무네라고도 한다)은『모미노키는 남았다樅ノ木は殘った』(일본의 소설가 야마모토 주고로山本 周五郎의 역사소설―옮긴이)의 주인공인 하라다 무네스케原田甲斐의 어머니다.

노부나가·도요토미 정권 시대부터 에도 시대 초에 걸쳐

영주들은 불편한 산성을 버리고 평지나 구릉지에 성과 마을을 건설하게 되었는데, 이때 마을의 이름을 좋게 바꾸거나 새로 지은 사례가 많다.

예를 들어 가모 우지사토蒲生氏郷는 아이즈의 구로카와를 와카마쓰로 바꾸고, 후일 가모와 영지를 교환한 가토 요시아키加藤嘉明는 이요의 마쓰야마, 모리 데루모토는 아키의 히로시마에 이름을 붙였다. 오늘날 전국의 심플하거나 쿨한 느낌의 도시명, 방금 예로 든 와카마쓰, 마쓰야마, 히로시마와 같은 이름이 존재하는 이유는 그 때문이다. (다만 노부나가가 명명한 기후는 뭐라 말하기 조금 애매하다.)

음을 중시하여 한자를 수정하는 일도 있었다. 다테 마사무네는 '지요'를 '센다이'로 고쳤다. 가토 기요마사는 '구마모토隈本'를 '구마모토熊本'로 고쳤다. '구마隈'의 글자 안에 '畏'가 있는 것을 싫어하여 강한 느낌을 주는 '熊'로 바꿨다고 한다. 독특한 것은 오토모 소린大友宗麟이다. 기독교 마을을 만들려고 '무시카'로 명명했다. 포르투갈인 선교사에게 들은 '무지카', 즉 뮤직, 음악이라는 뜻이다.

그리고 이에야스다. 도요토미 정권하에서 이에야스의 중심지는 물론 에도다. 이에야스가 입성하기 전의 에도성은 오기가야쓰 우에스기扇谷上杉(그 가신이 에도성을 건축한 오타 도칸太田道灌이다), 계속해서 고호조後北條의 무신 지배 거점이었다. 어느 정도의 발전은 이루었지만, 도쿠가와가의 수도에 어울리는 규모에는 한참 부족했다. 이에야스는 활발한 토목공사를 통해 마을을 건설하여 현재와 같은 거대도시의 원형을 정비했다.

그렇다면 이에야스의 깃발에 쓰인 글자는? 그렇다. '염리예토厭離穢土, 흔구정토欣求浄土.' 현실 세계는 '더럽혀진 토지'로서 그곳을 피하고자 한다. 아미타여래의 극락세상은 '맑고 깨끗한 토지'이며 그곳으로의 왕생을 간절히 바란다. 정토 사상을 나타내는 어구다. 그런데 이때 예토는 '에도穢土'(예토. 중생이 사는 번뇌로 가득 찬 고해인 현실세계를 이르는 불교 용어—옮긴이)이면서 에도江戸다. 앞서 언급한 것처럼 음을 중시하는 풍조였다고 한다면 이에야스는 '에도'의 두 가지 의미를 충분히 의식하고 있었을 것이다. 그런데도 지명을 바꾸지 않고 그 땅에서 살며 정권을 구축했다. 굳이 에도를 선택하여 예토에 몸을 둔 이에야스. 거기에 어쩐지 심오한 깊은 정신세계가 있는 것처럼 느껴진다.

'더럽혀진 땅'을 살아가는 이에야스의 정신세계

앞서 도쿠가와 이에야스와 '에도'에 대해 이야기했다. 이에야스의 본거지는 '에도'. 그의 기치는 '염리예토'. '에도江戸'가 '에도穢土'와 같은 음이라는 사실을 이에야스가 모를 리가 없으므로, 아마도 에도에서 예토로서 살아가기로 선택했을

도쿠가와 병사들이 든 깃발 위에 적힌 '염리예토, 흔구정토'.

것이다. 그렇게 말하자 친구는 "정말? 마을 이름 따위는 신경 쓰지 않았던 것뿐인 게 아닐까?" 하며 추궁했다. (쓴웃음)

그렇지 않다고 생각한다. 이에야스는 1570년에 머무르는 성을 미가와·오카자키에서 도토미·히쿠마로 옮겼다. 다케다가의 침공에 대비하기 위해서였다. 이때 히쿠마는 '말을 끌다', 즉 전투에서 패하다는 뜻이기 때문에 좋지 않다. 그래서 주변 지역의 명칭인 '하마마쓰'로 개명했다.

'와카마쓰' '다카마쓰' '마쓰야마' '마쓰모토' '마쓰에' 등 마쓰松를 사용하는 도시명은 적지 않다. 마쓰(소나무)는 상록수로 겨울에도 초록빛을 유지한다. 아마도 영주들은 그 점이 마음에 들었을 것이다. 이에야스도 그중 한 사람으로, 분명 마을 이름에 신경을 썼다.

과거 신란親鸞(일본의 고승—옮긴이)은 일부러 승려의 계율을 깨고, 아내를 맞아 육식을 하며 세속으로 들어갔다. 그리고 크고 작은 죄를 짓는 일상의 삶 그대로를 아미타불이 구원한다고 사람들에게 설파했다. 이에야스도 '에도江戸=에도穢土'를 근거로 삼았다. 사람들이 삶을 영위하는 이 죄 많은 토지. 그 땅에서 열심히 살아감으로써 나는 정토를 추구한다. 이에야스는 그렇게 생각했던 것이 아닐까? 너무 좋게만 해석한 것일까? 하지만 나는 깊이 있는 연구를 게을리하지 않았던 이에야스가 교양과 정신성을 겸비하고 있었다고 생각한다. 특히 간토로 옮겨 '반평생'을 넘긴 그는 어린 시절부터의 고난과 맞물려 속이 깊은 인물로 성장했음이 틀림없다.

앞서 '나오에조'에서도 언급했지만, 이에야스는 아이즈의 우에스기 가게카쓰에게 상경을 명령한 5대 장로 중 우두머리였다. 우에스기가의 가신인 나오에 가네쓰구는 이에야스를 마음껏 조롱하며 그 명령을 거부했고, 이에야스는 우에스기 토벌에 나섰다. 그렇게 해서 세키가하라 전투가 시작된 것이다.

일반적으로는 '나오에조'를 읽은 이에야스가 격노한 것으로 알려져 있다. 화를 냈다고 쓴 고문서도 존재한다(역대고안歷代古案). 그러나 나는 이에야스가 순간적으로는 분노했어도 '하하하. 대단한 놈이 아닌가!' 하며 쓴웃음을 지었을 것 같다. 적어도 노부나가나 히데요시처럼 '화를 내고 좌천시킨다'거나 '기분이 상하여 할복을 명한다'는 과격한 대응은 하지 않았을 것 같다. 이에야스에 대해서는 그렇게 안심할 수 있다.

우에스기가는 세키가하라 전투 후에도 사라지지 않았다. 영지는 비록 4분의 1(아이즈 120만 석에서 요네자와 30만 석)로 축소되었지만, 당초 토벌의 대상이었다는 사실을 고려하면 온정이 넘친 조치라고 생각한다. 나오에 가네쓰구가 이에야스의 심복인 혼다 마사노부本多正信의 차남을 양자로 맞아 나오에 가쓰요시直江勝吉라 부르게 된 것도 이 시기다.

이 또한 이에야스가 가네쓰구를 높이 평가했기에 가능한 결연이 아닌가.

가쓰요시는 가네쓰구의 딸을 아내로 삼았는데, 그녀가 병사하자 앞서 소개한 오구니 사네요리(가네쓰구의 친동생)의 딸인 오토라ぉ虎를 아내로 맞았다. 가쓰요시는 나오에가의 후계자로서 기대를 받았지만, 나중에 그 가문을 떠나 혼다 마사시게本多政重가 되고, 가가의 마에다前田가 밑으로 들어갔다(가신의 우두머리로서 5만 석을 하사받음). 그렇지만 혼다가와 나오에가의 친밀한 교류는 변함없이 이어졌고, 막부와 우에스기가를 잇는 가교 역할을 했다.

제 3 장

천하 통일이란 무엇인가

세키가하라 고찰3

일본은 하나가 아니다

아케치 미쓰히데는 왜 혼노지에서 오다 노부나가를 습격했는가? 이 일본사상 최대의 의문[야마토국은 어디였는가, 사카모토 료마坂本龍馬(에도 시대 말기의 지사)를 암살한 진범은 누구인가와 함께 3대 의문이라고 한다]에 대해서는 널리 알려진 바와 같이 몇 가지 가설이 제시되고 있다. 야망설(천하를 손에 넣고 싶었다), 원한설(노부나가에게 원한이 있었다), 장래 비관설(어차피 숙청될 거라면 차라리 먼저 치자), 아시카가 요시테루 흑막설, 조정 흑막설, 예수회 흑막설까지 존재한다. 나는 단순한 야망설 또는 최근 주목을 끌고 있는 시코쿠 출병설(도사의 조소카베가와 외교 문제가 악화되었다)이 가능성이 있다고 생각하지만, 그 이유에 대해서는 다음 기회에 천천히 이야기하고자 한다.

얼마 전에 오와다 데쓰오小和田哲男 선생과 만날 기회가 있었다. 그때 선생의 독자적인 가설인 '비도저지설非道阻止說'에 대해 듣게 되었다. 천황에 대한 무례를 비롯해 노부나가는 지나칠 정도로 도리에 맞지 않은 행위를 거듭했다. 미쓰히데는 그러한 노부나가를 막기 위해 모반을 일으키려 했던 것이라고 한다. 나는 곧바로 질문했다. 노부나가를 토벌한 후에 미쓰히데는 어찌할 계획이었는지. 아케치 막부를 세울 계획이었다면 야망설에 가깝다. 어쩌면 처음부터 노부나가의 중신들에게 토벌당할 각오였던가?

그러자 선생은 온화하게 답했다. 나는 야망설은 아니라고 생각한다. 천하를 손에 넣을 생각은 없었다고 생각한다. 게다가 스스로를 희생한다는, 그런 비장한 각오도 없었을 것이다. 노부나가가 등장하기 이전의 '군웅할거' 상태, 미쓰히데는 그것을 떠올렸던 것이 아닐까? 자신은 기나이에 세력권을 형성한다. 하시바 히데요시는 주고쿠 지방의 패권을 두고 모리가와 싸우고, 시바타 가쓰이에柴田勝家는 우에스기가와 싸우며 호쿠리쿠 지방을 제패하고, 도쿠가와 이에야스는 도카이 지방을 지배한다. 이렇게 생각하지 않았을까?

'비도저지설'의 타당성에 관한 고찰은 다음 기회에 다루기로 하고, 그보다 선생의 답에 숨어 있는 중요한 발상의 힌트에 주목하고 싶다. 즉 '일본은 하나'라는 오늘날 우리의 상식이 당시 사람들에게는 상식이 아니었다는 점이다. '군웅할거', 즉 당시 사람들에게는 '하나가 아닌 일본'이 당연한 것이었다. '천하포무天下布武'를 내세운 천하 통일, 즉 '하나의 일본'을 지향한 오다 노부나가가 비상식적인 인물이며 변종이었다.

그러한 사실에 바탕을 두었을 때에야 비로소 실상을 해명하는 데 도움이 된다. 그것이 세키가하라 전투에서 우에스기군의 군사 행동이다.

지금까지 수차례 언급한 것처럼 도쿠가와 이에야스는 아이즈의 우에스기 가게카쓰를 토벌하기 위해 1600년 6월 16일 여러 장군을 이끌고 오사카성을 출발했다. 이에야스가 기나이를 비운 동안 7월 17일에 이시다 미쓰나리가 군사를 일으켰다. 이에야스는 7월 24일에 시모쓰케의 오야마에 도착했다. 그곳에서 미쓰나리가 군사를 일으켰다는 보고를 받았다.

이에야스는 여러 영주를 소집하여 회의를 개최했다. 그러자 영주들은 입을 모아 이에야스와 함께 미쓰나리를 토벌하겠다는 결의를 표명했다. 26일에 일제히 철수하여 후쿠시마 마사노리의 성인 오와리·기요스를 집결 장소로 정하고 서둘러 서쪽을 향했다. 이에야스는 적자인 히데타다에게 미카와 이후의 도쿠가와 본대를 맡기고, 나카센도에서 미노 방면으로의 진군을 명했다.

이때 이에야스의 주위에는 여전히 많은 군사가 있었지만, 바로 이때 왜 우에스기 가게카쓰와 나오에 가네쓰구는 총력(3~4만 명의 군사는 준비 가능)을 다해 이에야스를 공격하지 않았을까?

항상 '군웅할거' 상태

세키가하라 전투는 이시다 미쓰나리와 나오에 가네쓰구가 협동하여 계획한 것이라는 해석이 있다. 그 원대한 계획에 나 같은 나오에 팬은 박수를 치고 싶지만, 냉정히 생각하면 성립되지 않는다. 만약 미쓰나리와 가네쓰구가 힘을 합했다면 우에스기군은 반드시 도쿠가와 이에야스의 배후를 쳤을 것이기 때문이다.

우에스기군의 병력은 3만 명을 거뜬하게 넘었다. 한편 이에 대항하기 위해 이에야스가 우쓰노미야성에 남긴 군대는 차남인 유키 히데야스結城秀康, 가모 히데유키蒲生秀行, 사토미 요시야스里見義康, 나스 스케카게那須資景 등의 군대였다. 겐신 이후 수많은 역전의 용사가 포진해 있는 우에스기군에게는 이렇다 할 난적이라 할 수 없다. 그런데 우에스기군은 에도를 목표로 하지 않았다. 9월 1일 이에야스는 3만 명의 군사를 이끌고 에도성을 출발하여 세키가하라로 진군했다. 그것을 확인이라도 하듯 9월 8일에는 가네쓰구가 이끄는 대군이 남하하지 않고 북으로 향했다. 아이즈의 북쪽, 모가미를 침공하기 시작한 것이다.

왜 북상했을까? 나로서는 도무지 이해하기 힘든 역사적 사실이다. 미쓰나리와의 전투에서 승리하면 이에야스는 천하를 손에 넣게 된다. 그렇게 되면 영주의 생사여탈권을 쥐게 된다. 영주의 자리를 박탈하거나 할복을 명할 수도 있다. 그런 이에야스를 상대로 우에스기는 이미 반란을 도모한 상태다. 이에야스는 여러 영주를 이끌고 오사카에서 시모쓰케까지 우에스기를 토벌하기 위해 진군하고 있었다.

이에야스가 히데요시의 후계자를 제압하면 우에스기가는 거의 살아남기 어렵다. 그것은 우에스기가 전체의 공통된 인식이었음에 틀림없다. 어차피 망하게 될 것이라면 더욱 적극적으로 행동하는 것이 당연하지 않은가. 비유한다면, 패하면 끝나버리는 월드컵대회 예선의 마지막 경기, 남은 2분 동안 1점을 넣어야 한다. 그렇다면 골키퍼까지 나서서 전원 공격하는 수밖에 없다. 우에스기가도 마찬가지였다. 온 힘을 다해 이에야스의 배후에서 공격하여 서군의 승리에 공헌해야 했다. 그 밖에는 방법이 없지 않은가?

그런데 왜 그렇게 하지 않았을까? 우에스기 가게카쓰와 가네쓰구가 어리석은 무장이었다고 설명하면 그뿐일 것이다. 그러나 지금까지 확인한 바와 같이 가네쓰구는 당시를 대표하는 걸출한 인물이었다. 그런 그가 온 마음으로 충성

우에스기 가게카쓰의 초상.

한 가게카쓰도 남달리 뛰어난 인물이었음이 분명하다. 어쨌거나 가네쓰구는 고바야카와나 나베시마와 달리 히데요시의 직속 가신이 되기를 거부했으니 말이다.

나는 여기에서 대립하는 두 가지 이미지에 주목하고 싶다. 그것은 '일본은 하나'인가, '군웅할거'인가다.

오늘날 우리에게는 '일본은 하나'라는 개념이 당연하게 받아들여진다. 그러나 당시 사람들에게는 히데요시가 이룬 천하 통일, 즉 '하나의 일본'이 희귀한 현상으로 오히려 '군웅할거'가 당연했다. 가네쓰구는 전제군주였던 히데요시의 사후 강력한 통일 정권은 자취를 감추고, '군웅할거' 상태로 복귀하리라고 예상한 것이 아닐까?

1584년의 고마키·나가쿠테 전투에서 하시바 히데요시는 이에야스와 일전을 겨루었다. 하지만 히데요시는 전투에서 이에야스를 꺾지 못한 채 정치적인 술책으로 도쿠가와가와 가신관계를 맺었다. 이에야스와 미쓰나리의 싸움에서도 그러한 상황이 재현될 가능성은 있었다. 싸움이 길어지면 이에야스는 천하를 쉽게 손에 넣을 수 없다. 그렇게 되면 이에야스는 히데요시가 이에야스에게 그런 것처럼 우에스기를 우대할 가능성이 있다. 그러한 외교 교섭을 유리하게 끌고 가려면 우에스기는 강대한 힘을 갖고 있어야 한다. 그를 위한 최상의 공격, 영지 확대를 노린 군사 행동이었다고 생각한다.

종말을 맞은 가네쓰구의 싸움

1600년 9월 8일, 2만 명이 넘는 우에스기군은 나오에 가네쓰구를 총대장으로서 모가미령에 대한 침공을 개시했다. 모가미 요시아키最上義光는 7000명 정도의 병력을 야마가타성과 인근의 하세도성에 중점적으로 배치하여 응전했다.

우에스기군은 각지에서 모가미가의 성을 함락시켜갔다. 가네쓰구의 본대는 12일에 하타야성(야마가타현 히가시무라야마군 야마노베정)을 공격했다. 500명에 이르는 병사는 전멸하고 성은 함락당했다. 가네쓰구는 이후에 스가사와산에 진을 치고, 하세도성(야마가타시 하세도)을 포위했다. 이 성은 야마가타성의 서남쪽 8킬로미터 떨어진 곳에 위치하는데, 이 성을 방치하고 야마가타성을 공격하면 스카와강을 건널 때 야마가타성의 군사와 하세도성의 수장인 시무라 아키야스志村光安의 군사에게 협공당할 우려가 있다. 그래서 가네쓰구는 우선 이 하세도성의 공략에 전력을 다한 것이다.

공성전은 9월 15일에 시작되었는데, 기이하게도 세키가하라 전투가 벌어진 바로 그날이었다. 가네쓰구의 본진은 1만8000명, 그에 맞서는 하세도성의 병력은 1000명으로 전력은 가네쓰구가 압도적으로 우세했다. 그런데 열흘이 지나도록 하세도성은 함락되지 않았다. 보통 공성전에 필요한 군사는 수비하는 쪽의 세 배에서 다섯 배라고 하므로, 가네쓰구의 전력은 성을 함락시키고도 충분할 정도였다.

그렇다면 하세도성은 난공불락의 성이었던가? 나는 성의 세력권에 대해서는 잘 몰라서 성곽 연구자인 요고余湖 씨에게 도움을 받았다. "성의 구조는 비교적 단순해서 (…) 그다지 기교적인 느낌은 없다. 세키가하라 당시 전투의 무대가 된 성이라고는 생각하기 어려울 정도로 단순하다." "우에스기의 대군을 맞아 버틸 수 있을 정도의 성인 것 같지도 않다." (출전은 요고의 홈페이지http://homepage3.nifty. Com/yogokun/)

그렇다면 대체……. 가네쓰구는 정치가로서도, 교양인으로서도 뛰어난 인물이다. 이는 의심할 바가 없다. 하지만 실전 지휘관으로서의 재능에는 물음표가 붙을지도 모른다. 애당초 1000명이 지키고 있는 작은 성 하나에 연연한 이유는 무엇이었을까? 그 두 배인 2000명 정도만 예비 병력으로 남기고, 중요한 야마가타성을 공격하는 편이 훨씬 낫지 않았을까? 그런 생각도 든다. 다만 당시 가네쓰구의 지휘에 의문을 표하는 후세의 사료가 남아 있는 것도 아니므로(가네쓰구를 비판하기보다는 시무라 아키야스의 건투를 칭송하는 태도가 주류다), 내 생각은 어디까지나 결과론에 불과할지도 모른다.

29일, 마침내 세키가하라 전투의 결과가 가네쓰구에게

도 전달되었다. 이시다 세력의 완패. 이렇게 되면 '군웅할거'는 물 건너 간 이야기다. 도쿠가와 이에야스에 의한 '하나의 일본'으로 이행하는 것 외에는 방법이 없다. 가네쓰구는 그러한 상황을 즉시 간파했을 것이다.

이에야스가 천하를 손에 넣게 되면 모가미령을 점령하고 가령 다테령까지 합병시키더라도 결국 천하의 대군을 적으로 돌려 우에스기가는 멸문한다. 더 이상은 무엇을 해도 소용이 없다. 그렇게 단념한 가네쓰구는 즉시 전투를 중단하고 아이즈로 물러갔다. 여기서 많은 이야기는 철수전에서의 가네쓰구의 지휘가 얼마나 훌륭했는지를 전한다. 하지만 이미 우에스기군이 싸울 의미는 없었기 때문에 그 칭찬은 이긴 자의 '관용'에 불과하다. '큰 흐름을 오판했다'며 자책하는 가네쓰구에게는 그런 칭찬이 하나도 기쁘지 않았으리라.

그런데 이에야스는 패배에 승복한 후에 가네쓰구가 보여준 담백한 태도를 높게 평가했던 듯하다. 그래서 우에스기가는 멸문을 피하여 30만 석의 영주로 존속할 수 있었다. 이에야스를 적으로 돌리고 전투에 나섰다는 점을 생각하면 상당히 괜찮은 결과다. 가네쓰구의 싸움은 이렇게 종말을 고했다.

세키가하라 여담

이 항은 번외 편이다. 『주간신초週刊新潮』에 연재하던 때부터 애독자였던 친구인 요미우리신문 데스크(가나자와 지국)의 의뢰를 받아 세키가하라 전투 시 호쿠리쿠의 동향에 대해 짧은 글을 썼다. 그것에서 찾아낸 소소한 뒷이야기들이다.

호쿠리쿠의 영주로는 가나자와의 마에다前田가가 유명한데, 마에다가는 동군에 합류했고 그 밖의 소규모 영주들은 전부 서군에 속했다. 그중 한 명이 가가·다이쇼지 5만 석의 야마구치 무네나가山口宗永다. 그의 부친인 진스케甚介는 노부나가와 히데요시의 가신이었던 인물로, 산성인 우지타와라 주변을 다스렸다. 여러 개의 실명이 전해지는데 『젠조지禪定寺 문서』의 서신 네 통을 보면 아마다 히데야스秀康가 본명인 듯하다.

진스케가 관여된 유명한 역사적 사건으로 '신군이카고에神君伊賀越え'가 있다. 혼노지의 변이 있은 후, 도쿠가와 이에야스와 그 가신들은 목숨을 걸고 기나이에서 탈출을 시도했다. 시골 무사와 농민의 습격을 경계하면서 가와치에서 미나미야마시로로 들어가 기즈가와강을 건넌 그들은 우지타와라의 진스케에게 도움을 받았다. 진스케는 일행을 친부인 다라오 미쓰토시多羅尾光俊(오미고가의 오가와성)에게 데려갔다. 고가의 군병(이들이 후세에 닌자로 전해진다)의 보호를 받으며 이에야스 등은 이가를 넘어 시라코하마(스즈카시)에 이르러 배를 타고 미카와로 돌아갔다.

진스케의 아들인 무네나가는 일찍부터 도요토미 히데요시를 따랐는데, 히데요시의 조카인 히데아키가 고바야카와가로 들어갈 때 그의 가신으로 함께 했다. 하지만 무언가 잘못되었던 모양인지 히데아키는 조선 출병 시의 실책을 이유로 에쓰젠·기타노쇼로 좌천되고(제1장에서 언급), 이때 무네나가는 고바야카와가를 떠나 다이쇼지의 영주가 되었다. 추측컨대 히데아키의 행동을 비판적으로 보고한 것은 무네나가였던 것이 아닐까?

그런데 무네나가宗永는 보통 사전에 '무네나가むねなが'로 기재되어 있다. 하지만 그에게는 마사히로正弘라는 이름도 전해지는데, 자식은 노부히로修弘와 히로마사弘定다. '히로弘'가 공통으로 쓰이는데, 이 점을 고려하면 마사히로가 그의 실명이고, 무네나가는 특별함을 나타내는 호인지도 모른다.

시오자키 구시로塩崎久代(이시카와 현립역사박물관의 학예원)의 가르침에 따르면, 교토의 세신인(나카교구. 진스케에 의하여 재건)에 전해지는 무네나가의 계명은 '마쓰모토안진산무네나가松元庵珍山宗永 대거사'라고 한다. 당시 '성+호'로 불리던 인물은 다케다 신겐武田信玄과 우에스기 겐신이다. 그 계명은 '홋쇼인기산신겐法性院機山信玄'에 '후시키인덴신코켄신不

識院殿眞光謙信'으로 호가 계명에 포함되어 있다.

호는 불교에 귀의했음을 나타내는 법호이기 때문에 이는 자연스러운 일이다. 그래서 조사해보니 호가 계명에 포함된 예는 사이토 도산齋藤道三, 오토모 소린, 구로다 조스이, 다치바나(벳키戶次) 도세쓰立花道雪, 다카하시 쇼운高橋紹運, 우지이에 나오모토氏家卜全, 호소카와 유사이細川幽齋 등에서도 찾아볼 수 있다. 역시 무네나가는 특별한 인물이 아닐까?

야마구치 무네나가와 노부히로 부자는 1600년 8월 2일에 마에다 도시나가前田利長의 대군의 공격에 다이쇼지성이 이틀 만에 함락된 후 자결했다. 병력의 차이는 도저히 극복할 수 없었던 모양이다. (그렇다면 앞서 등장한 하세도성은 대체 무엇일까?) 물론 야마구치가는 멸문했다. 살아남은 차남 히로마사는 이후 오사카성으로 들어가 오사카 전투에 합류했다. 기무라 시게나리木村重成의 여동생을 아내로 맞아 그의 휘하로 들어갔는데, 와카에(히가시오사카시)에서 벌어진 이이井伊가와의 싸움에서 매형 시게나리와 함께 전사했다. 또한 무네나가의 자손 중 한 명은 이즈모마쓰에 영지의 무사가 되고, 그 자손은 메이지 시대 일본은행의 이사가 된 야마구치 무네요시山口宗義, 그 삼남은 미드웨이 해전(제2차 세계대전 중 미일 해군이 벌인 대규모 전투—옮긴이)에서 전사한 야마구치 다몬山口多聞 제독이다.

마사쓰나의 '배령처'

앞서 야마구치 무네나가에 관한 이야기를 했다. 무네나가의 차남 히로마사는 오사카의 여름 전투에서 매형인 기무라 시게나리와 함께 전사했다고 한다(히로마사의 무덤은 야오시 사이와이정에 있다. 시게나리 무덤 인근이다). 그것을 조사하면서 무심코 떠오른 사실이 하나 있다. 히로마사의 딸은 마쓰다이라 마사쓰나松平正綱의 정실이라는 점이다.

마쓰다이라 마사쓰나는 도쿠가와 이에야스와 히데타다의 측근으로 막부의 재정을 담당했다. 그가 임명된 간조가시라勘定頭는 후일의 간조부교勘定奉行인데, 그 권력은 장로에 필적했다. 현대의 재무장관(다만 유능한)으로 생각하면 될 것이다. 가마쿠라 부근의 다마나와 2만 석을 지배했다. 세계에서 가장 긴 가로길인 닛코 삼나무길의 기부자이기도 하다. 그의 조카이면서 양자는 '지에이즈知惠伊豆'로 유명한 마쓰다이라 노부쓰나다.

딱딱한 이야기는 여기까지로 하자. 중세사 연구자인 내가 마사쓰나의 이름을 기억하고 있는 이유는 따로 있다. 오카지노카타お梶の方에 얽힌 이야기 때문이다. 그녀는 오카쓰노카타お勝の方라고도 불리는데, 도쿠가와 이에야스의 측실이다. 후일 출가하여 에쇼인英勝院이라 불리게 된다. 미토의 초대 영주인 도쿠가와 요리후사德川賴房(미쓰쿠니光圀의 아버

지)의 양모가 된 여인이다. 소녀 시절부터 이에야스를 섬겼으며 총명했다고 한다. 이에야스의 총애를 받으며 세키가하라 전투에서도 함께했다.

어느 날 이에야스는 가신들에게 가장 맛있는 음식이 무엇인지 물었다. 저마다 이런저런 음식을 말하는 가운데 이에야스가 옆에 있던 오카지노카타에게도 같은 질문을 하자 그녀는 곧바로 소금이라고 답했다. 소금이 있어야만 음식이 맛을 내기 때문이라는 것이다. 그렇다면 가장 맛이 없는 음식은 무엇인지 이에야스가 다시 묻자 그녀는 그것도 소금이라고 답했다. 소금을 너무 많이 넣으면 먹을 수 없기 때문이라는 것이다. 그녀의 대답에 함께 있던 모두가 감탄했다고 전해진다.

감탄했다니……. 나는 실소하고 말았다. 이보게 아가씨, 어찌 그리 뻔뻔한가? 이렇듯 잘난 척하는 미소녀라니, 이에야스공, 잘도 곁에 두었구먼. 그만큼 대범한 인간이었다는 뜻인가? 그러고 보니 사실 그녀는 한 번 가신에게 보내진 적이 있다. 이른바 '배령처'다. 그런데 그 가신이 바로 당대 최고의 청년인 마쓰다이라 마사쓰나였다.

'이에야스가 생각을 바꿨다'는 설과 '그녀가 원했다'는 설이 있는데, 오카지노카타는 얼마 있어 마사쓰나의 곁을 떠나 이에야스에게 돌아가버렸다. 나는 물론 '그녀가 원했다'는 설에 더 마음이 가지만, 어쨌거나 불쌍한 것은 마사쓰나다. 분명 그의 이름은 이후 두 사람의 베갯머리에서 여러 가지 형태로 언급되었을 것이다. 괴로운 노릇이다.

오카지노카타를 잃고 난 후에 마사쓰나가 새로운 마음으로 아내로 맞은 여인이 바로 앞서 등장한 야마구치 히로사다山口弘定의 딸이다. 유감스럽게도 그녀는 마사쓰나의 아들을 낳지 못하여 이 가문에 야마구치의 피를 남기지는 못했다.

마사쓰나의 자손은 가즈사·오타키성(2만 석)으로 옮겨 메이지유신을 맞이하고, 마사쓰나의 생가인 오코치大河內의 성을 쓴다. 마지막 영주의 장남이 이화학연구소의 제3대 소장이었던 오코치 마사토시大河內正敏 자작이고, 그 손녀가 영화 「고질라」의 여주인공인 배우 고치 모모코河內桃子(결혼 전의 본명은 오코치 모모코)다. 내 나이 또래에서는 홈드라마의 엄마 역으로 익숙한 배우다.

노부나가의 '천하포무天下布武'와 히데요시의 '총무사령惣無事令'

일본 열도는 지정학적 조건 덕분에 외세의 침략을 받은 적이 거의 없다. 그래서 아이누(일본의 홋카이도와 러시아의 사할린, 쿠릴 열도 등지에 분포하는 소수 민족 – 옮긴이)와 류큐琉球(오늘날의 오키나와 – 옮긴이)는 차치하고, '단일 민족이

단일 언어를 사용하며, 단일국가를 유지해왔다'고 생각하기 십상이다. 그러나 고대부터 계속 '일본은 정말 하나의 국가'였을까?

적어도 센고쿠 시대에는 앞서 이야기한 것처럼 사람들에게는 '군웅할거'가 당연했다. 즉 '일본은 하나'라고 생각하지 않았다. 그렇다면 그 전의 무로마치 시대는 어떠했을까? 무로마치 시대에 막부는 교토의 무로마치에 자리했고, 아시카가씨가 쇼군직을 세습했다.

'아시카가씨=무로마치 전하'는 3대 아시카가 요시미쓰足利義満 시절부터 천황의 권위와 권력을 손에 쥐고 '무로마치 왕권'을 형성했다는 것이 최근의 학설이다.

그 무로마치 왕권은 일본 열도를 동등하게 통치했을까? 아무래도 그렇지는 않았던 것 같다. 막부에는 견고한 정치 이념이 있었다. "멀리 있는 영지는 사소한 일이라면 쇼군의 뜻에 따르지 않더라도 그대로 둔다."(『만사이 주고 일기満済准后日記』 1432년 3월 16일) 이를 남긴 만사이 주고는 교토 다이고지의 삼보인만사이三宝院満済라는 고승이다. 4대 요시모치義持, 6대 요시노리義教(5대 요시카즈義量는 요절)의 정치 고문을 맡은, 이른바 '승려 재상'이다.

만사이가 말하는 멀리 있는 영지란 진제이탄다이鎮西探題가 관할하는 규슈, 간토히사야스關東公方가 관할하는 간토와 도호쿠다. 이들 지역의 영주는 교토에 체재할 의무가 없는 대신에 막부의 정치에 관여할 수 없었다. 반대로 그 외 지역의 영주는 교토에 상주하며 막부의 정치에 참여했다. 또한 스루가의 이마가와가와 스오의 오우치가는 각각 간토와 규슈에서 감시하는 임무를 맡고 있었기 때문에 상경의 의무가 면제되었다.

만사이는 이들 먼 지역을 '히鄙'(지방을 뜻한다 – 옮긴이), 교토를 포함한 그 외 지역을 '미야코都'(수도를 뜻한다 – 옮긴이)라고 표현했다. 그래서 나는 당시의 일본은 다음 두 부분으로 명확히 구별되어 있었던 것으로 보고 있다.

일본 A＝수도: 기나이, 주코쿠, 시코쿠, 주부의 각 지방
일본 B＝지방: 간토, 도호쿠, 규슈의 각 지방

무로마치 시대에도 역시 '일본은 하나'가 아니었다.

그렇게 생각하면 '천하포무'의 이념하에 '일본은 하나여야 한다'고 생각한 오다 노부나가가 얼마나 독특한 인물이었는지 잘 알 수 있다. '천하포무' 사업은 노부나가 1대에서는 달성하지 못하고, 1590년 도요토미 히데요시의 오다와라 공격에 의해 완성되었다. 이는 알려진 바와 같다. 그런데 그보다 5년 앞서 히데요시가 발표한 '총무사령'은 무로마치 시대 이래의 지역 간 격차를 잘 반영하고 있다.

천황을 받든 히데요시는 통일 정권의 성립과 천하의 평

두 자루의 칼로 무장한 오다 노부나가의 우키요에 그림.

화를 선언하고 무분별한 전투를 멈추도록 했는데, 이 명령은 시코쿠를 평정한 후에 간토로 이동하고 규슈를 제압하려는 시점에 행해진 것이다. 즉 일본 A를 평정함으로써 '일본의 통일'의 제1단계라 할까, 주요 부분을 완성한 것이다. 천황을 섬기는 간파쿠 히데요시를 정점으로 일정한 질서가 형성되었다. 그리고 남은 것은 일본 B, 요컨대 지방뿐이다. 그래서 일본 B의 영주들아, 아무리 애써봤자 도요토미 정권을 이길 수는 없으니 창을 거두고 내 말을 들으라고 명한 것이다.

가모 우지사토, 이에야스, '수도'에서 '지방'으로 쫓겨난 무장들

무로마치 시대는 일본을 양분하여 생각하기도 한다.

일본 A＝수도: 기나이·주코쿠·시코쿠·주부의 각 지방
일본 B＝지방: 간토·도호쿠·규슈의 각 지방

당시 일본을 이렇게 나눌 수 있다고 앞서 이야기했다. 그러고 보니 1467년에 시작된 오닌의 난에 주로 참가한 무장들은 일본 A에 영토를 소유한 수비 영주들이었다. 그들은 두 개의 진영(호소카와 가쓰모토細川勝元의 동군과 야마나 소젠

山名宗全의 서군)으로 나뉘어 교토 안팎에서 10년 넘게 전쟁을 이어갔다.

전쟁이 이어졌지만 격렬한 전투가 연속된 것이 아니라 소규모 전투가 지루하게 거듭되었을 뿐이다. 동군과 서군의 우두머리였던 호소카와 가쓰모토도, 야마나 소젠도 도중에 병사했지만, 아무도 쉽게 정전을 이야기하지 못했다. 무로마치 쇼군가의 권위가 땅에 떨어진 것이나 다름없다는 사실을 만천하에 드러내며, 전쟁은 서서히 종료되었다. 영주들은 더 이상 막부를 따르지 않고 각각의 영지로 돌아갔다.

그러나 오랫동안 영지를 비운 폐해는 심각했다. 그들은 영지의 유력 무사들에게 지지를 받지 못하여 센고쿠 영주로 성장할 수 없었다. 예외는 오미의 롯카쿠六角가 정도가 아닐까?

한편 일본 B에서는 수비 영주가 그대로 센고쿠 영주로 성장해가는 예를 볼 수 있다. 가이의 다케다나 분고의 오토모, 사쓰마의 시마즈 등이다. 그런 의미에서 무로마치 막부에서 일본의 양분은 센고쿠 시대에도 영향을 미쳤다.

일본 A가 '수도', 일본 B가 '지방'이라는 개념도 그럴듯한 것 같다. 도요토미 히데요시가 천하 통일을 실현한 후에 가모 우지사토는 이세 마쓰자카 12만 석에서 옮겨 아이즈를 봉토로 받았다. 아이즈는 42만 석인데, 후일 검지檢地(논

밭을 측량하여 면적, 경계, 수확고 등을 검사함 — 옮긴이)에 의해 증가하여 92만 석에 이르는 광대한 영지가 되었다. 그런데 우지사토는 "영지가 커도 오우 같은 지방에 있어서는 야망을 이룰 수 없다. 작더라도 수도에 가까워야 천하를 엿볼 수 있다"며 몹시 낙담했다고 한다(『조잔기담常山紀談』).

우지모토는 정말로 천하에 야망을 품었던 것일까? 믿기 어려운 이야기라 그 진위가 의심스럽다. 하지만 사람들이 일본 A와 B의 차이를 느끼고 있었기 때문에 이 우지사토의 이야기도 힘을 얻는다. 그러고 보면 오다 노부나가가 다케다 가쓰요리를 멸한 후, 우에노 일국을 하사한 다키가와 가즈마스瀧川一益에 관해서도 비슷한 이야기가 있다. 광대한 영지를 얻고 기뻐하기는커녕 "이런 시골로 보내져 더 이상 차를 즐길 수도 없게 되었다"며 한탄했다고 한다.

히데요시는 호조北條가를 멸한 뒤 간토 지역 일대를 차지하는 그 영지를 도쿠가와 이에야스에게 주었다. 그 대신에 미카와를 비롯한 이전의 도쿠가와 영지는 몰수했다. 조상 대대로 뿌리내린 토지에서 쫓겨났다며 가신들은 불만을 드러냈지만, 이에야스는 "영지가 넓어졌다"며 기쁘게 받아들였다고 한다. '과연 이에야스'라는 걸까? 흥미로운 것은 히데요시의 심중이다.

어쨌거나 이에야스의 새로운 영지는 약 250만 석인 반면에 히데요시의 직할지는 약 220만 석이었다. 가신인 이에야스가 더 많은 것이다. 도카이 지방에 있는 이에야스의 영지를 빼앗고, '지방'으로 내쫓아버리고 싶다. 지방으로 내쫓으면 영지가 아무리 넓어도 중앙 정치에는 관여할 수 없다. 도쿠가와가의 세력을 실질적으로 약화시킬 수 있다. 아마도 히데요시는 그렇게 의도하지 않았을까? 이는 겐지源氏의 적통인 요리토모頼朝를 이즈로 내쫓고 안심하며 이후 돌보지 않았던 다이라노 기요모리平淸盛의 행동과도 유사하다.

또 하나의 세키가하라

기나이·주고쿠·시코쿠·주부가 일본 A, 간토·도호쿠·규슈는 일본 B. 이를 계속 강조한 이유는 '또 하나의 세키가하라'에 대해 이야기하고 싶었기 때문이다.

이 책에서 여러 번 언급한 것처럼 도쿠가와 이에야스가 이끄는 동군과 이시다 미쓰나리를 수장으로 하는 서군은 세키가하라에서 격돌했다. 이에야스와 미쓰나리 두 사람 모두 노부나가와 히데요시가 이룬 '하나의 일본'을 전제로 행동했고, 이에야스는 자신이 그 일본의 새로운 주인이 되고 싶어했다. 미쓰나리의 의도는 그가 패했기 때문에 알 수 없지만, 추측컨대 도요토미 히데요리를 천하의 주인으로 높이고, 모리 데루모토, 우키타 히데이에, 우에스기 가게카쓰에게는 100만 석이 넘는 영지를 하사한다. 다만 그것은 오사카에서 멀리 떨어진 지역이고, 실질적인 정권은 미쓰나리 자신이 장악하려던 것이 아니었을까?

하지만 '하나의 일본'을 전제로 전투에 나서지 않은 영주도 있었다. 그 예가 우에스기 가게카쓰(와 그의 가신인 나오에 가네쓰구)라고 지금껏 이야기해왔다. 일본 전체가 전란에 휘말리면 '하나의 일본'은 깨져버린다. 군웅할거('하나가 아닌 일본') 상태로 돌아가버린다. 그렇다면 조금이라도 영지를 넓히자. 그래서 우에스기군은 도쿠가와의 본거지인 에도를 치지 않고 북쪽인 모가미를 공격했다. 도호쿠 지방은 우에스기의 움직임을 기점으로 '또 하나의 세키가하라'를 치른 것이다.

게다가 사실은 비슷한 지역이 또 한 곳 있었다. 그곳은 규슈다. 규슈에서 벌어진 전란의 주인공은 이 책에 여러 번 등장한 구로다 조스이(통칭은 간베, 시호는 요시다카)다. 조스이는 도요마에·나카쓰를 기점으로, 분고를 평정하고 도요마에·고구라, 지쿠고·야나가와 등의 성을 함락시켰다. 그래서 히고의 가토 기요마사, 히젠의 나베시마 나오시게와 함께 4만의 대군을 이끌고 시마즈로 향하려는데 이에야스로부터 중지 명령을 받았다. 소설 등에서는 조스이가 천하를 손에 넣고자 하는 야망을 가졌다고 말한다. 과연 그럴까? 냉정하게 생각하면 그것은 무리였을 것이다. 그보다 조스이는 '군웅할거'로의 복귀를 염두에 두고 영지 확대를 꾀했다고 보는 편이 맞을 것이다. 조스이를 비롯해 규슈의 여러 영주도 '또 하나의 세키가하라'를 치른 것이다.

도호쿠와 규슈 그리고 이에야스의 간토를 더하면 일본 B가 된다. '하나의 일본'이라는 틀은 움직이지 않으므로, 그 패자를 정하기 위해 싸웠다. 이것이 일본 A의 영주들이다. '군웅할거'를 염두에 두고 마치 센고쿠 시대의 영주들처럼 영지 확대를 도모한 것이 일본 B의 영주들이다. 간토는 이에야스가 지배하고 있었기 때문에 '하나의 일본' 싸움에 포함되었지만, 이에야스의 영지가 만약 이전의 도카이 지방이었다면 동쪽의 영주들은 세키가하라 전투에는 참전하지 않고 자신들의 싸움에만 집중했을 것으로 추측된다. 히타치의 사타케 요시노부佐竹義宣가 동군에 붙지도 않고, 서군이 되어 에도를 향해 진군하지도 않는 등 소극적인 행동만 취한 사실이 그를 방증한다.

조스이가 진압한 토지는 광대했지만 아마도 '도쿠가와가에 대한 충절'로는 인정받지 못한 듯 공적에는 포함되지 않았다. 조스이의 아들인 나가마사는 넓은 영지를 받아 도요마에·나카쓰에서 지쿠젠·나지마(후일 후쿠오카성을 건설)로 옮겼지만, 그것은 어디까지나 나가마사의 공적에 대한 포상으로 봐야 할 것이다. 분명 조스이는 어쩔 수 없다며 쓴 웃음을 지었으리라.

제 4 장

간베는 참모였는가

구로다 간베에 얽힌 재미있는 일화

2014년에 대하드라마 「참모 간베」가 방영되었다. 주인공은 당연히 구로다 조스이(통칭은 간베, 시호는 요시다카, 세례명은 시메온)였다. 총 50화의 평균 시청률은 간토 지역이 15.8퍼센트, 간사이 지역이 18.2퍼센트였다. 시대극의 인기가 예전 같지 않은 상황에서 이 수치는 꽤 높지 않은가.

나는 조스이라는 인물을 매우 좋아한다. 왜냐고……, 글쎄, 예를 들면 그의 투구를 들 수 있겠다. 합자형 투구라 불린다는데, 사발을 뒤집어 머리에 덮어쓴 모양새다. 다른 무장들은 어떻게든 강하게, 눈에 띄려고 굉장히 애를 쓴다. 뿔을 장식하거나 싸움의 신이나 맹수의 흉포한 얼굴을 투구에 붙이는 데 반해 조스이는 사발이다. 그 여유랄까, 유머가 마음에 든다. 그를 믿고 싶어진다.

그에 관한 일화도 좋다. 재미있는 이야기가 많다. 다만 앞서 소개한 '짚신 한 짝, 나막신 한 짝'처럼 꼼꼼히 조사해보면 후쿠오카 지방의 민화를 바탕으로 각색된 이야기가 많을지도 모른다. 그러므로 여기에서는 출전에는 상관하지 않고 조스이에 관한 일화를 소개하겠다. 그가 매력적인 인물이었기 때문에 그만큼 재미있는 이야기가 많다는 정도로 생각해두자.

[에피소드 1]

조스이가 천하 통일에 크게 공헌했음에도, 히데요시는 조스이에게 도요마에·나카쓰 12만 석밖에 주지 않았다. 측근들이 그 이유를 묻자 히데요시는 "그놈에게 큰 영지를 줘봐라. 눈 깜짝할 새에 천하를 집어 먹을걸"이라고 답했다. 아닌 게 아니라 이시다 미쓰나리나 가토 기요마사 등과 비교하면, 조스이는 히데요시에게 꺼림칙한 경계의 대상이었을 것이다.

[에피소드 2]

세키가하라 전투에는 아들인 나가마사와 가신의 절반이 참가했지만, 구로다가를 대표하는 무사들 대부분(모리 다베母里太兵衛나 이노우에 구로우에몬井上九郎右衛門 등)은 나카쓰성에 머물렀다. 조스이는 재산을 아낌없이 털어 용병을 모집하고, 역전의 무사들에게 지휘를 맡겨 새롭게 구로다군을 편성해서 규슈를 석권할 기세를 드러냈다.

전투에 앞서 큰 창고에 재물을 쌓아놓고 용병에게 나눠주었을 때의 일이다. 자세히 살펴보니 나눠받은 자가 다시 줄의 끝으로 돌아가 한 번 더 재물을 받아 챙기고 있었다. 이를 눈치 챈 아랫사람이 그러한 사실을 조스이에게 알리자, 조스이는 웃으며 말했다. 너희는 평소에 나를 구두쇠라고 비웃지 않았는가? 하지만 재물이란 이런 때에야말로 아낌없이 사용해야 하는 것이다. 저렇게 욕심을 부리는 자는 전장에서도 그만한 가치를 할 것이 틀림없다. 내버려두어라.

〔에피소드 3〕

세키가하라 전투 후에 나가마사는 조스이에게 이에야스가 자신의 공적을 높이 치하하며 오른손을 잡고 고마워했다고 보고했다. 그러자 조스이는 불만스럽게 말했다. 그때 네 왼손은 무엇을 했느냐고. 다시 말해 왜 왼손으로 칼을 뽑아 이에야스를 찔러 죽이지 않았느냐는 말이다. 그랬더라면 세상은 다시 혼란에 빠져 조스이에게 천하를 손에 넣을 기회가 왔을 것이라는 뜻이다.

출가하여 조스이로 불리던 시기의 구로다 조스이.

〔에피소드 4〕

만년의 조스이는 잔소리가 매우 심하여 가신들은 조스이를 꺼려했다. 나가마사가 그 점을 지적하자 조스이는 쓴웃음을 지으며 말했다. 멍청한 놈, 모르겠느냐. 나는 죽을 날이 머지않았다. 가신들은 말이 많던 조스이 님이 마침내 사라졌구나. 이제야말로 나가마사 님의 시대가 되었다. 그렇게 크게 기뻐하지 않겠느냐. 그렇게 되면 너의 치세는 아주 쉬워질 게다. 모든 것은 너를 위한 것이지……. 조스이는 자식 사랑이 꽤 애틋했던 모양이다.

NHK는 '일부일처'를 좋아한다?

구로다 조스이가 대하드라마로 만들어진다는 소식에 기쁘면서도 미심쩍은 면이 있었다. 센고쿠 시대를 소재로 제작된 최근의 대하드라마에는 「고江」와 「덴치진天地人」이 있다. 여성인 오고노카타お江の方는 차치하고, 조스이와 「덴치진」의 주인공인 나오에 가네쓰구 사이에는 공통점이 있다. 눈치 채셨는가? 둘 다 내가 아주 좋아하는 무사라고? 물론 그렇기도 하지만, 답은 그들의 아내다. 두 사람 모두 한 명의 아내만 사랑하며 평생 측실을 두지 않았다.

가네쓰구는 데릴사위로서 아내인 오센노카타お船の方와 결혼했는데, 처음에 그녀는 나가오가에서 노부쓰나信綱를

남편으로 맞았다. 그런데 그가 갑작스럽게 죽으면서 히구치 요로쿠樋口與六라는 인물을 두 번째 남편으로 맞이했다. 이 사람이 가네쓰구다. 가네쓰구와 오센은 금슬이 매우 좋았다. 나중에는 부부가 함께 우에스기 가게카쓰의 외아들인 사다가쓰定勝를 양육했다.

가네쓰구가 세상을 떠난 후에도 오센은 정치 자문을 하는 등 우에스기령의 정치에 영향을 미쳤다. 특히 어려서 생모를 잃은 사다가쓰에게 오센은 어머니와 같은 존재였는데, 두 사람의 사이는 매우 돈독했다고 전해진다.

조스이의 아내이자 나가마사의 어머니인 여인의 이름은 오테루노카타お照の方(또는 お光の方)다. 한자는 다르지만 양쪽 모두 '데루'일 것이다. 하리마·가코가와에 있던 시카타성의 성주인 구시하시 분고 수비대장(이름은 고레사다伊定)의 딸이다. 구시하시가는 분고를 수비한 무가로서 아카마쓰赤松가를 모시던 유서 깊은 가문인데, 사발을 뒤집어 쓴 듯한 투구(합자형 투구)는 구시하시가의 장인이 조스이에게 준 것이라고 한다. 구시하시가는 후일 몰락했지만 조스이의 비호를 받았다. 조스이는 옛 주인인 고데라小寺가도 버리지 않고 계속 돌보았다. 좋은 사람인 것이다.

처음 이야기로 되돌아가서 아무튼 근거는 전혀 없지만, NHK는 역시 '일부일처'를 좋아하는 것 같다. 평생 아내만 사랑한 주인공이라니 영웅으로서의 모양새도 그럴듯하다.

그러한 연출상의 이점이 있을 것이다. 게다가 요즘은 채널의 주도권을 아내 쪽이 잡고 있기 때문에 여러 여인에게 사랑을 속삭이는 남자는 공감을 얻지 못할지도 모른다.

만약 이런 내 생각이 어느 정도 이치에 맞는다면 남자 주인공에 아주 어울리는 사람이 있다. 한 명은 지쿠고·야나가와의 성주인 다치바나 무네시게立花宗茂다. 무네시게는 어느 시기까지는 부인만 바라보았다. 이 부인은 여성 성주로 이름을 날린 긴치요誾千代로 오토모가를 지킨 중신인 다치바나(벳키) 도세쓰의 딸이다. 무네시게는 다치바나가에 데릴사위로 들어갔기 때문에 측실은 들일 수 없었다. 두 사람은 사이가 매우 나빴다는 것이 이전부터의 정설이지만, 그렇지도 않았던 것 같다는 설도 있다. 두 사람의 '사랑과 증오' '슬픈 이별'이 드라마의 소재로는 안성맞춤일 것 같다.

또 한 사람은 가고시마의 시마즈 요시히로島津義弘다. 요시히로는 세키가하라 전투에 패하여 퇴각할 때 동군을 정면 돌파하며 치열한 전투를 벌인 것으로 유명하다. 그래서 세간에는 '맹장'의 이미지가 강하다. 실제로 조사해봐도 그의 어마어마한 전력은 '맹장'이라는 호칭에 걸맞다.

그런데 그 용맹한 모습과 달리 그가 부인에게 쓴 편지는 얼마나 애틋한지 모른다. "지금껏 꿈에서 그대와 이야기를 나누었다. 빨리 집으로 돌아가 그대를 만나고 싶다." 또는 "이 싸움에서 내가 죽더라도 그대는 아이들을 위해 살아남

아주기를 바란다. 그러면 나는 무엇보다 기쁠 것이다." 사랑
이 넘치는 맹장이었던 듯하다.

간베는 천하를 욕심냈나?

구로다 조스이가 아주 마음에 든다고 하니 심술궂은 친
구 하나가 "다이라노 기요모리平清盛(헤이안 시대의 무사—
옮긴이)에 재미를 붙이더니 대하드라마의 시대 고증이라도
하고 싶어?"라며 놀렸다. 아니다, 절대로 아니다. 나보다 훌
륭한 역사가가 많다는 걸 잘 알고 있다. 다만 진지하게 조
스이의 생애를 살피고자 한다면 두 가지 사실에 주의해야
한다. 그것을 드라마가 시작되기 전에 이야기해두고 싶다.
나중에 비겁한 수를 쓴다면서 놀림당하지 않도록. (이번 항
은 주간신초 출판사에 연재했을 당시의 글을 일부러 그대로 사용
했다.)

한 가지는 '참모 조스이'를 어떻게 다룰 것인지, 또 다른
한 가지는 '세키가하라 전투에서의 조스이'를 어떻게 다룰
것인지다. 이 두 가지 포인트에 주목한다면 드라마가 '역사
적 사실'과 어느 정도의 차이가 있는지 알 수 있다.

물론 이는 '좋다 나쁘다'를 논하는 것이 아니다. 대하드라
마는 픽션이기 때문에 역사적 사실과 약간 다르더라도 비
난할 필요는 없다. 아니, 서툴게 사실만 고집하다가는 「다이

라노 기요모리」처럼 시청률에서 고전할지도 모른다.

이 책에서 앞서 다룬 '세키가하라의 조스이'에 대해 먼저 살펴보자. 조스이는 세키가하라 전투에서 규슈를 제압하고, 나아가 천하를 제패할 생각이었다. 소설의 세계에서는 이것을 '약속'으로 그린다. 그러나 역사학적으로 보면 말도 안 되는 이야기다. 사실 불난 집에서 도둑질을 하듯 조스이는 일단 영지를 늘리고 보자는 의도였다. 천하가 어떻게 되건 우선 영지를 늘려서 해가 될 것은 없다고 생각했을 것이다. 사카구치 안고는 1948년에 이미 중편소설 『2류인二流の人』에서 조스이의 속내를 그렇게 그렸다. 이 해석은 의외로 정곡을 찌른 것이라고 생각한다.

혹은 나처럼 '수도와 지방'으로 분류(즉 도호쿠와 규슈를 기나이 등과는 다른 논리가 지배하는 지역이라고 생각)할 필요는 없더라도 '일본은 하나의 나라'라는 생각과 '군웅할거' 상태를 명확히 구별하는 방식이 있다. 조스이는 천하를 휩쓴 쟁란으로 히데요시 정권이 달성한 '통일된 일본'이 무너지고 '군웅할거' 세상으로 돌아갈 것으로 생각했다. 그래서 나오에 가네쓰구와 마찬가지로 자력으로 영지를 확대하는 노선을 택했다고 해석하는 것이다.

어느 쪽이건 조스이는 천하를 제패하려는 생각은 없었을 것이다. 그렇다면 이것을 드라마에서는 어떻게 요리할까? 아무래도 조스이가 주인공인 이상 천하를 손에 넣기 위한 전략 등을 강조하고 싶을 것이다. 그래야 조스이를 좋아하는 시청자가 만족하지 않겠는가? (드라마는 역시 그런 식으로 전개되었다.)

다른 한 가지는 '참모 조스이'다. 구로다 간베는 다케나카 한베竹中半兵衛와 어깨를 나란히 하는 우시 히데요시의 참모로 알려져 있다. 당연히 드라마에도 상남자인 한베가 등장할 것이다. 음, 아무래도 가장 그럴 듯한 등장으로는 다음이 그려진다.

나는 상당한 능력자라며 자신만만한 간베 → 히데요시의 부하로 들어가니 이미 그곳에는 천재 참모인 한베가 있다. → 반발하며 한베를 인정하지 않는 간베 → 하지만 한베의 뛰어난 지략에 놀란 간베는 콧대가 꺾인다. → 한베를 본받자며 겸손해지는 간베 → 하지만 머지않아 한베는 전사한다. → 눈물을 삼키며 참모로 홀로 서는 간베.

이런 느낌이 아닐까? 여기에 유명한 소주마루松壽丸(후일의 나가마사)에 관한 에피소드가 얽히면서 눈물을 자아내게 할 것이 틀림없다(이 흐름도 대체로 들어맞았다).

그런데 여기에서 묻고 싶다. 참모는 실제로 존재했나?

센고쿠 시대에 '참모'는 없었다?

구로다 간베와 다케나카 한베. 그들은 우시 히데요시를 따르는 '2명의 참모'였다고 한다. 여기에서 참모란 '본진에서 전략을 운용하여 승리를 천리 밖에서 결정하는' 사람이다. 요컨대 참모는 굉장한 사람이다. 참모는 이것저것 전략을 짠다. 어떤 전략을 취할지는 대장이 결정한다. 이것이 대장과 참모의 차이다. 간베는 세키가하라 전투 중 규슈에서의 전투에서 알 수 있듯이 '스스로 싸우는 사람'이다. 본질적으로는 대장이지 참모가 아니다. 그러므로 진정한 참모이미지와는 다르다.

다케나카 한베의 경우에는 더 미묘하다. 이나바(후일의 기후)산성을 스무 명도 되지 않는 군사로 점거했다. 미노를 절반 줄 테니 성을 바치라는 오다 노부나가의 권유를 걷어차고 곧바로 성에 틀어박힌 유명한 에피소드가 있다. 하지만 그 이야기는 어디까지가 사실이고 어디까지가 픽션인지알기 어렵다. 집 안에 틀어박힌 한베를 젊은 시절의 기노시타 도키치로木下藤吉郎(도요토미 히데요시의 또 다른 이름—옮긴이)가 찾아간다. 마치 『삼국지』의 유비와 제갈량의 '삼고초려' 명장면처럼.

한베가 정말 히데요시에게 제갈량이었다면 좀더 후대해야 하지 않았을까? 한베는 히데요시가 천하를 제패하기 전에 병사했는데, 그 아들인 시게카도重門는 영주에 봉해지지 않았다. 히데요시의 초기 가신들 중에서 하치스카 마사카쓰蜂須賀小六는 아와의 태수, 센고쿠 곤베仙石權兵衛(히데히사秀久)는 신슈·고모로 5만 석, 도다 가쓰타카戶田勝隆는 이요·오즈 7만 석을 하사받았는데도 말이다. 아울러 구로다 간베는 여러 번 언급했지만 도요마에·나카쓰 12만 석이다. 그렇다면 한베의 공적은? 그는 이야기 속의 인물로 생각하는 편이 낫다. 다케나카가는 결국 호위무사로서 에도 시대를 보냈다.

애당초 센고쿠 시대에 '참모'라는 존재가 있었을까? 나는 유감스럽지만 없었다고 생각한다. 일본에는 문관과 무관의 구별이 없었기 때문이다. 참모라고 하면 역시 중국 한나라 고조 유방의 공신인 장량張良과 촉나라 유비의 제갈량이다. 여기에서 중국의 참모가 군인이 아니라 문인이라는 점이 중요하다. 중국에는 이미 삼국 시대에 '문민 통제'의 개념이 있었고, 문인인 제갈량이나 그 경쟁자인 사마의司馬懿가 원정군 총독의 지위에 올랐다. 문관과 무관이 명확히 구분되고 때로는 문관이 무관보다 중시되기도 한 것이다.

이에 반해 일본에서는 순수한 문관이 존재하지 않는다. 과거 야마토 조정은 당의 율령을 도입하여 법체계를 만들었다. 하지만 당시 이미 당나라에 존재했던 과거 제도는 받아들이지 않았다. 과거는 말하자면 오늘날의 국가공무원

시험(다만 훨씬 어렵다)에 해당한다. 이를 통과하면 (겉으로는) 남자라면 누구나 관료로 등용될 수 있다. 황제와 관료(세습되지 않는다), 이것이 특히 송나라 이후 중국의 정부다.

좋고 나쁨의 평가를 떠나 실제로 일본에서는 과거가 실시되지 않았고, 관료 즉 문인은 양성되지 않았다. 무사 정권에서도 관료적인 기능을 담당한 이들은 있었다. 예를 들면 이시다 미쓰나리나 혼다 마사노부다. 그러나 기본적으로는 그들도 무인이었다. 그와 마찬가지로 참모적인 무사는 있었겠지만, 참모로 불릴 만한 존재는 아니었을 것으로 생각한다.

이러한 상황을 대하드라마가 어떻게 그려내려나? 역시 과감하게 '참모 간베'를 내세우려나? 그 편이 시청자들에게 어필할 수 있을 테니까. (드라마의 제목 자체가 「참모 간베」로 정해졌다.)

'적중 돌파' 시마즈 군사 1500명의 수수께끼

앞에서 시마즈 요시히로에 대해 언급했는데, 그가 인솔한 시마즈 군사는 세키가하라에서 서군에 속하면서도 적과 싸우지 않았다. 다만 이에야스와 밀약을 맺었던 고바야카와군이나 모리군과 달리 요시히로가 이시다 미쓰나리 등 서군 수뇌부를 불신했기 때문이다. 그래서 자기 진영은 사수했지만, 적극적으로 동군을 공격하지는 않았다.

그런데 전투가 벌어지는 동안 동군이 승리하여 이시다, 우키타, 고니시 등은 패주했다. 시마즈군은 남겨졌다. 퇴각해야 했지만, 이때 요시히로는 적에게 등을 돌리는 행위를 수치로 여겼다. 그래서 동군을 돌파하여 전장에서 벗어나는 길을 선택했다. 이것이 '시마즈의 퇴각로' '시마즈의 적중돌파'라 불리는 사건이다.

이때 시마즈군은 겨우 1500명 정도였고, 적은 그 열 배이상이었다. 당연히 시마즈군은 토벌되었다. 부대장 격인 시마즈 도요히사島津豊久와 가신인 아타 모리아쓰阿多盛淳 모두 전사했다. 그래도 시마즈군은 전진을 단념하지 않고 마침내퇴각에 성공했다. 살아남은 군사는 100명 정도였다고 전해진다. 요시히로는 셋쓰에서 아내와 합류하여 해로를 거쳐사쓰마로 무사히 달아났다.

어쨌거나 치열한 전투였는데 뭔가 이상한 점이 있다. 시마즈군은 어째서 1500명이었을까? 시마즈의 규모를 생각하면 분명 1만 명이 넘어야 마땅하다. 그런데 어째서 1500명뿐인가? 만약 1만 명의 시마즈군이 처음부터 분전했다면 서군이 이기지 않았을까?

그 의문에 대한 답은 야마모토 히로후미山本博文의 『시마즈 요시히로의 도박島津義弘の賭け』에서 찾을 수 있다. 당시의실질적인 당주였던 요시히사(요시히로의 형으로 법명은 류하

쿠龍伯)는 기본적으로 사쓰마를 가장 중요시했다. 사쓰마는 사쓰마의 상황에 따라 움직인다. 중앙과 적극적으로 관계를 맺을 필요는 없다. 이 책에서 역설한 '군웅할거'의 논리가 뼛속까지 스며들어 있었다. 비록 히데요시에게 머리는 숙였지만, 새삼 그 속내를 바꿀 수는 없었던 것이다. 그래서 요시히로가 아무리 재촉해도 결국 군사를 보내지 않았다.

한 가지 더 특수한 사정이 있었다. 이주인伊集院의 반란이다. 시마즈가의 중신이었던 이주인 다다무네는 일찍부터 히데요시의 가신이 되라고 시마즈가를 설득했다. 더 이상 '군웅할거'의 세상은 오지 않을 거라고. 덕분에 이주인은 히데요시의 마음에 들어 시마즈가가 히데요시에게 항복하자 미야코노성을 디스리는 독립 영주가 되었다. 앞서 등장했던 고바야카와 다카카게, 나베시마 나오시게 등과 마찬가지다.

시마즈가는 그런 상황이 마음에 들지 않았다. 히데요시가 살아 있는 동안에는 마지못해 참고 있었지만, 1599년에 후시미의 시마즈 저택에서 다다무네를 죽여버렸다. 이 소식을 들은 다다무네의 아들인 다다자네忠眞는 미야코노성에서 대규모 반란을 일으켰다. 이것이 쇼나이의 난莊內の亂이다.

시마즈가는 군사를 계속 보냈지만, 이주인의 세력이 강하여 난을 쉽게 진압할 수 없었다. 이듬해에 이에야스가 조정에 들어가면서 마침내 다다자네는 항복했다. 그러나 여전히 시마즈가는 이주인가를 경계했다. 때문에 세키가하라에 군사를 보낼 수 없었다. 결국 1602년에 다다자네를 비롯한 이주인가는 일족 전체가 몰살당하게 되었다.

히데요시와 당주 사이에 낀 시마즈 요시히로

무사로서의 시마즈가는 가마쿠라 시대 초기에 성립되었다. 그 기나긴 역사를 자랑스럽게 기술하는 『시마즈가 문서島津家文書』는 국보로 지정되어 내가 근무하는 사료편찬소에 귀중하게 보관되어 있다(무가 문서로는 『우에스기가 문서上杉家文書』에 이어 두 번째다). 직장 선배인 야마모토 히로후미는 이 『시마즈가 문서』를 정독하고 앞서 소개한 저서 『시마즈 요시히로의 도박』을 정리했다.

이 책에 따르면, 도요토미 히데요시에게 항복하고 '형식상으로는' 은거한 시마즈 요시히사(류하쿠)는 '군웅할거'파였다. 그는 사쓰마에는 사쓰마의 방식이 있으며 중앙 정권의 속셈에 놀아날 필요는 없다고 생각했다. 그런데 실제로 오사카에서 히데요시를 모시던 동생 요시히로는 늘 도요토미 정권의 강력함과 잔혹함을 깨달을 수밖에 없었다. 그래서 사쓰마 중심주의에 빠져 있는 문중 사람들과 의견이 맞지 않았다.

오사카에서 힘겨운 시간을 보내던 요시히로가 고향의

동군과 서군이 진형대로 나뉘어 선 세키가하라 전투의 전체 모습.

아내에게 보낸 편지의 한 구절을 소개한다. 이 또한 야마모토의 책 『에도 사람의 마음江戸人のこころ』에서 인용한 것이다.

"마타하치로又八郎가 글공부를 열심히 하도록 애써주십시오. 나가만마루長満丸도 글공부를 시작하면 좋겠습니다. 표본을 승려님에게 부탁해서 보냅니다. 마타이치로又一郎 부부의 금슬이 좋다니 아주 기쁘군요. 기회가 될 때마다 사이좋게 지내라고 이야기해주세요."

요시히로의 장남은 젊은 나이에 요절하여 차남인 마타이치로(이름은 히사야스久保)가 후계자가 되었다. 마타하치로가 셋째, 나가만마루가 다섯째였다. 아내를 사랑하고 자녀들을 사랑한 요시히로의 인품을 엿볼 수 있다.

다만 히사야스 부부의 금슬을 걱정하는 데에는 또 다른 이유가 있었다. 그것은 히사야스의 아내가 시미즈가의 실질적인 당주였던 요시히사의 딸인 가메슈亀壽였기 때문이다. 게다가 요시히사에게는 아들이 없어서 가메슈를 아내로 맞은 히사야스는 시마즈가의 차기 당주로 예정되어 있었다. 그래서 요시히로는 멀리 오사카의 땅에서 히사야스와 가메슈의 사이가 화목하기를 간절히 바랐다.

그런데 여기에 일이 생겼다. 히사야스가 젊어서 병사한 것이다. 요시히로가 비탄에 빠져 있는 동안 기다렸다는 듯 히사야스의 대역으로 나선 것이 앞의 편지에서 등장한 마타하치로였다. 그는 연상의 형수인 가메슈를 정실로 맞아

시마즈가의 계승자가 되었다. 가고시마의 초대 영주가 된 다다쓰네忠恒(후일 개명하여 이에히사家久)다.

다다쓰네와 가메슈는 사이가 매우 나빴던 것 같다. 자식도 없었다. 본래라면 측실을 두어야겠지만 요시히사가 두려워 그 또한 불가능했다. 1611년에 요시히사가 사망하자 다다쓰네는 즉시 가네슈와 별거에 들어갔다. 그리고 8명의 측실을 맞이했는데, 그녀들과의 사이에서 33명의 자식을 두었다.

가메슈가 죽었을 때 다다쓰네가 남긴 시가 『가고시마현 사료 구기잡록후편舊記雜錄後編 5』에 실려 있다.

인터넷에는 "덧없는 세상이여, 가메슈가 10월에 세상을 떠났다. 눈물로 옷자락이 젖을 정도일까, 아니 그렇게까지는 아니려나"라는 번역문이 떠돌아다닌다. 다다쓰네가 그만큼 가메슈를 싫어했다고 하는 편이 더 재미있기는 하다. 하지만 아무리 그렇더라도 너무 심하지 않은가. 시의 마지막 단어를 '~였다면'으로 번역하는 것이 옳지 않을까? '이 눈물에 젖은 옷자락이 잘못 본 것이었다면 좋으련만.'

'쓰리노부세' 전술으로 이룬 시마즈 최강 전설

시마즈군은 강하다. 이는 아무래도 당시부터 정평이 나 있었던 모양이다. 그 시마즈군이 이용한 전술이 '쓰리노부

세釣り野伏'다. 이 전술은 전군을 세 개 부대, 즉 A, B, C로 나눈다. 그중 B와 C를 미리 좌우에 매복시킨다. 우선 중앙의 A 부대가 적을 공격하여 패한 척하며 후퇴한다. 이것이 '쓰리釣り'(낚시라는 뜻—옮긴이)다. 이겼다고 착각한 적이 추격해오면 좌우에 매복해 있던 B와 C 부대가 덮친다. 이것이 '노부세野伏'다. 패퇴를 가장한 A 부대도 되돌아서 역습한다. 그러면 삼면 포위가 완성된다.

글로 설명하니 별것 없어 보이지만, 전쟁터에서 실행하려면 매우 어려운 전술이다. A 부대가 도망치다가 곧바로 섬멸당할 수도 있다. 또한 패한 '척'한다고 하지만, 농민 중심 군사들이기 때문에 일단 도망치기 시작하면 공포에 휩싸이기 마련이다. 대장의 명령 따위는 귓등으로도 듣지 못한다. 공황 상태에 빠져 제어 불능이 될 가능성도 있다. '척'하려다가 정말로 패할 수도 있다.

그것을 막으려면 군사가 뛰어난 실력을 갖춰야 한다. 시마즈군의 핵심 부대는 모두 뛰어난 실력자였을지도 모른다. 시마즈가는 1578년에 오토모 소린의 대군을 미야자키현의 기조정에서 격파하고(미미가와 전투耳川の戦い), 1584년에 류조지 다카노부龍造寺隆信의 군사를 시마바라반도에서 괴멸시켰다(오키타나와테 전투沖田畷の戦い). 양쪽 전투 모두 병력 자체는 시마즈가 훨씬 열세였는데 '쓰리노부세' 전술을 효과적으로 구사하여 승리했다고 한다.

시마즈가의 무장 중 가장 유명한 이는 지금까지 언급한 요시히로지만, 잊어서는 안 될 또 한 사람으로 이에히사가 있다. 그는 요시히사와 요시히로의 이복형제로, 미미가와 전투에 참가했고 오키타나와테 전투에서는 시마즈군의 대장으로 활약하며, 당주인 다카노부 외에 류조지가의 수많은 중신을 베었다. 그리고 도요토미 히데요시의 시마즈 정벌의 전초전으로서 벌어진 1586년 말의 벳키가와 전투戶次川の戰い, 현재의 오이타시 벳키 부근에서 벌어진 이 전투에서 이에히사가 이끄는 시마즈군은 히데요시 산하의 시코쿠군을 물리쳤다. 조소카베 모토치카長宗我部元親의 적자인 노부치카信親, 사누키讚岐의 소고 마사야스十河存保가 전사했다.

센고쿠 시대의 '전쟁'에서 싸움을 가장 잘한 사람은 누구일까? 역사를 좋아하는 사람들 사이에서 종종 화제에 오르는 주제다. 동원 병력으로 보면 노부나가, 히데요시, 이에야스지만 이는 별 재미가 없다. 그러니 군사 수를 5000명 정도의 여단 규모로 한정해본다. 그러면 반드시 등장하는 것이 이 시마즈 이에히사다. 누가 뭐래도 류조지, 조소카베, 소고 등 영주들을 토벌한 무장은 이에히사밖에 없기 때문이다.

한편 벳키가와 전투에서 이에히사를 유명하게 만든 이가 센고쿠 곤베(히데히사)다. 그는 어릴 때부터 히데요시의 손에 키워졌는데, 창술이 뛰어나 당시에는 사누키의 쇼스지 10만 석을 다스리고 있었다. 시코쿠군의 군감으로서 분고로 출병하는데, 후나이(오이타시) 방비를 최우선으로 해야 할 때 공격에 나서서(한겨울의 추위에 강까지 건넜다) 무참하게 패했다. 히데요시는 격노하여 곤베의 영지를 몰수해버렸다.

하지만 곤베는 굴하지 않았다. 자비로 히데요시의 오다와라 전투에 참가하여 분전했다. 그의 무용은 하코네의 지명 '센고쿠바라'가 곤베에서 따왔다는 설이 있을 정도다. 다행히 히데요시에게 용서를 받은 곤베는 시나노·코모로 5만 석의 영주로 복귀했다.

미야시타 히데키宮下英樹의 『센고쿠センゴク』는 그의 기구한 생애를 그린 만화다. 나도 아주 조금 힘을 보탠 만화다. 꼭 한번 읽어보기를.

제 5 장

여성주와 일본 무쌍의 용장

다치바나 소세쓰의 '라이키리雷切' 전설

　앞에서는 시마즈 이에히사를 다루었다. 5000명 정도의 여단 규모를 이끈 센고쿠 무장 중에서 발군의 실력을 자랑한다고 말했다. 이런 주제가 화제에 오르면 당연히 센고쿠 시대의 팬은 입 다물고 있을 수 없다. 각각 좋아하는 무장이 있기 때문에 저마다 이런저런 무장을 내세운다. 이때 이에히사와 마찬가지로 많은 지지를 받는 무장 중 한 명이 시마즈군과 격돌한 다치바나 무네시게다.

　센고쿠 영주인 오토모 소린의 중신 중에 오토모 가문 출신의 벳키 아키쓰라戸次鑑連라는 인물이 있다. 주고쿠 지방의 패자인 모리 모토나리와의 전투에 오토모군의 대장으로서 참전했고, 10년을 넘긴 전투를 통해 지쿠젠과 하카타를 지켜냈다. 그 공적으로 기타큐슈 지방의 군권을 맡게 되었고 하카타를 제압하는 다치바나산성의 성주가 되어 다치바나가(벳키와 마찬가지로 오토모가의 지류)를 이었다. 출가 후의 법명은 도세쓰다. 그 유명한 다치바나 도세쓰가 바로 이 사람이다. 다만 도세쓰 자신은 평생 벳키를 자칭한 듯하다.

『오토모홍망기大友興廃記』 등에 따르면, 도세쓰는 젊은 시절에 벼락을 맞아 반신불수가 되었고, 이후 가마를 타고 전장을 질주하며 지휘했다고 한다. 또한 벼락을 맞았을 때에 번개 속의 뇌신을 베어 이때의 칼 '지도리千鳥'를 '라이키리雷切'로 개명했다고 한다.

이 이야기를 읽고 고개를 끄덕인 분은 안 계신지? 『주간 소년점프』에 연재되던 초인기 만화 「NARUTO나루토」(기시모토 마사시岸本斉史)의 주인공인 닌자 나루토의 스승 하타케 가카시의 필살기는 '지도리'이고, 별명은 '라이키리'다. 작자인 기시모토는 분명 센고쿠사를 좋아하는 것이 틀림없다.

다만 도세쓰에게는 '스스로 칼을 휘둘러 적을 베었다'는 기록도 있다. 반신불수설은 거짓일지도 모른다. 아울러 구로다 간베도 보행이 부자유했다고 하는데, 이는 근거가 없는 후세의 창작인 것 같다. 여하튼 번개에 관한 에피소드 때문에 도세쓰는 '도깨비 도세쓰' '뇌신'이라고 불리며 사람들의 두려움을 샀다.

뇌신이라 불린 다치바나 도세쓰의 초상.

모처럼 명문인 다치바나가를 이어받았지만, 도세쓰에게는 아들이 없었다. 그래서 같은 용장으로 유명한 오토모군의 동료인 다카하시 쇼운의 장자를 양자로 들여 외동딸인 긴치요와 결혼시켜 후계자로 삼았다. 이 사람이 다치바나 무네토라, 후에 개명하여 무네시게다. 이에 6년 앞서 도세쓰는 일곱 살의 긴치요에게 성주의 자리를 물려주고, 주가인 오토모 소린, 요시무네 부자의 승인을 받았다(『다치바나 문서』). 긴치요는 여성으로서 성주의 자리에 오른 매우 드문 사례라 할 수 있다.

오토모가는 1578년에 휴가의 미미가와에서 대패하며 가운이 급속히 쇠퇴했다. 도세쓰와 소운은 열심히 지쿠젠·지쿠고를 수비했지만, 1585년에 도세쓰가 73세로 병사하자 시마즈가의 공세는 더욱 격렬해졌다.

이듬해인 1586년 7월에 시마즈가는 오토모가를 멸하기 위해 5만 명의 대군을 이끌고 북상하여 지쿠젠을 침공했다. 선두에 선 대장은 시마즈 요시히사의 사촌동생인 다다나가忠長였다. 이에 맞서 오토모 쪽은 이와야성(다자이후시 시오지산)에서 다카하시 쇼운이, 호만성(다자이후시 기타다니)에서 쇼운의 열네 살 차남 다카하시 무네마스高橋統増(후일의 다치바나 나오쓰구立花直次)가, 다치바나산성(가스야군 신구마치 다치바나)에서 쇼운의 열아홉 살 장남 다치바나 무네시게가 굳게 버티며 싸웠다.

'2만 대 700' 격전의 끝

센고쿠 시대 후기의 규슈 지방에서는 전통의 분고·오토모, 사쓰마·시마즈 그리고 신흥 영주인 히젠·류조지 세 가문이 강력한 세력을 떨치고, 이를 주고쿠의 모리가 공격하는 형태가 기본적인 도식이었다. 이를 깨트린 것은 시마즈가인데, 시마즈가는 류조지가를 압도하고 오토모가를 공격하며 규슈를 통일할 기세를 드러냈다. 오토모 쇼린은 시마즈가의 공격을 버티지 못하고 당시 긴키·주고쿠·시코쿠 등을 평정하고 천하 통일을 추진하던 우시 히데요시에게 도움을 청했다.

쇼린의 청을 받아들인 히데요시는 1585년 10월, 시마즈가와 오토모가에 정전을 명했다. 오토모가는 물론 그 명령을 즉시 받아들였다. 그러나 시마즈가는 히데요시의 뜻을 존중하는 자세는 보였지만, 교섭 결과 결국 그 명을 거부하고 이듬해 3월에 오토모가에 대한 공격을 재개했다. 이에 대해 히데요시는 규슈 공격을 결정하고, 주고쿠의 모리 데루모토에게 선두를 맡겼다. 모리가는 군비를 갖추고 8월 16일에 당주 데루모토가 아와노에서, 8월 말에 고바야카와 다카카게가 이요에서, 깃카와 모토하루가 이즈모에서 각각 규슈를 향해 출발했다.

한편 시마즈가는 서방에서 포위하는 형태로 오토모가

를 토벌하여 규슈를 평정하기로 정하고, 6월에 당주인 요시히사가 직접 출진하여 지쿠젠 침공을 개시했다. 요시히사는 히고·히젠·지쿠고를 석권하고, 7월 12일에는 본진을 지쿠젠·덴파이잔(후쿠오카현 지쿠시노시)에 설치하여 이와야성 공격을 개시했다. 앞에서 소개한 시마즈의 대군과 다카하시 쇼운의 싸움을 중앙과 관련하여 말하면 이와 같다.

2만 명의 시마즈군이 이와야성을 맹렬히 공격했지만, 다카하시 쇼운이 700여 명의 군사로 저항하여 성은 쉽게 함락되지 않았다. 쇼운의 지휘에 시마즈군은 여러 번 패퇴했고, 엄청난 수의 군사가 부상을 당했다. 27일, 대장 시마즈 다다나가島津忠長는 직접 지휘하며 총공격에 나서 다수의 사망자를 내면서 결국 성을 함락시켰다. 쇼운은 망루에 올라 할복자살하고 그를 따르던 군사 대부분이 전사했다고 한다.

2만 대 700. 성이 함락되지 않을 리가 없었다. 그런데도 쇼운은 맞서 싸웠다. 시마즈군은 세 번에 걸쳐 항복을 권고했다. 아군도 두 번(그중 한 번은 히데요시보다 앞서 규슈에 들어선 구로다 조스이에 의해)이나 철수를 권고했다. 사절단을 정중히 대접하면서도 쇼운은 단호히 거절했다고 한다.

무엇이 쇼운으로 하여금 그렇게 격렬한 싸움에 몸을 던지게 했을까? 물론 무사의 명예라거나 자부심을 포기할 수 없었을 것이다. 그러나 나는 아버지로서의 사랑 때문이라고 생각한다. 이와야성의 배후에는 호만산성에 쇼운의 차남인 14세의 다카하시 무네마스, 다치바나산성에 쇼운의 장남인 19세의 다치바나 무네토라(후일의 무네시게)가 자리하고 있었다. 원군(모리군)은 출발할 준비를 하고 있다는 소식을 들었다. 이곳에서 자신이 시간을 벌 수 있다면, 그리고 시마즈군에게 일격을 가할 수 있다면 장남인 무네토라와 차남인 무네마스는 살아남을지도 모른다. 쇼운은 그 가능성에 승부수를 던졌던 것이 아닐까 생각한다.

그리고 그의 승부수는 맞아 떨어졌다. 이와야성을 함락시킨 시마즈가는 8월 6일에 호만산성을 제치고 이윽고 다치바나산성을 포위했지만, 그곳에 모리의 선발대가 진군해 있다는 소식을 듣고 8월 24일에 철수했다. 무네토라. 무네마스 형제는 살아남아 히데요시에 크게 칭찬을 받고 다치바나가는 독립 영주가 되었다.

긴치요 '여성주' 탄생의 수수께끼

다치바나 무네시게에 대해 이야기하고 있지만, 약간 앞으로 되돌아가자. 어째서 그의 양부인 도세쓰는 딸에게 가주 자리를 물려주었을까? 그보다 애당초 그것은 사실일까? 신경이 쓰여 다시 한 번 문서를 살펴보았다.

결론부터 말하자면, 『다치바나 문서』에 속한 1575년 5월

28일 자 문서에 분명히 도세쓰는 '다치바나 동서·마쓰오·시로다케의 성과 그 밖의 영지 등'을 '긴치요'에게 물려주었다. 마쓰오·시로다케는 다치바나산을 이루는 봉우리라고 하니 '다치바나 동서·마쓰오·시로다케'의 성이란, 이른바 다치바나산성을 가리키는 것으로 생각된다. 다치바나산성과 그 주변의 영지를 양도받았으므로 긴치요는 '여성주'임에 틀림없다.

그런데 왜 역전의 용사인 도세쓰가 불과 일곱 살밖에 안 되는 어린 딸을 성주로 삼았을까? 소설이나 게임의 세계에서 그녀는 무용이 뛰어난 여장군이지만, 남녀를 불문하고 7세의 어린아이가 성주의 역할을 감당해낼 리는 없고, 전투를 지휘할 수도 없다. 그런데 왜?

그 답은 역시 『다치바나 문서』 속에 있는 두 통의 문서에서 찾을 수 있다. 이 문서들은 모두 함께 연도가 없는 5월 10일 자로 내용은 거의 같다. 발신인은 도세쓰의 주군인 오토모 소린, 요시무네 부자다. "도세쓰에게는 아들이 없으므로 벳키 시게쓰라戸次鎭連의 자식 중 뛰어난 자를 후계로 삼아라. 다치바나산성은 중요한 성이므로, 성주가 된 그 아이가 성인이 될 때까지 친부인 시게쓰라가 성에 함께 살라"고 하는 내용이었다. 오토모 부자는 이 편지를 도세쓰와 시게쓰라에게 보냈다.

오토모가의 당주는 '요시아키義鑑'에서 요시시게義鎭(소

최초의 여성 성주가 된 다치바나 긴치요.

린)로, 다시 요시무네義統'로 이어진다. 그래서 중신들은 '鑑' '鎭' '統'을 받아 이름을 명명했다. 우스키 아키스케臼杵鑑速와 이치마다 아키자네一萬田鑑實, 다키타 시게카네와 다카하시 시게타네高橋鎭種(소운), 요시히로 무네유키吉弘統幸와 다치바나 무네토라(무네시게의 첫 이름) 등이다. 어느 글자가 이용되었는지에 주목하면 세대를 알 수 있지만, 그렇더라도 비슷한 이름이 너무 많아서 이보다 더 헷갈리는 일도 없을 지경이다.

다치바나 도세쓰에 대해서는 이전에도 썼지만, 본래 그의 이름은 벳키 '아키鑑'쓰라였다. 도세쓰에게는 아들이 없었기 때문에 이복동생인 아키카타鑑方의 아들인 '시게鎭'쓰라를 양자로 삼았는데, 도세쓰는 50세 때 삭발하고 린파쿠켄 도세쓰麟伯軒道雪를 자처했다. 이때에 벳키가의 가주 자리를 시게쓰라에게 양보했을 것이다. 그 후 59세에 도세쓰는 다치바나산성과 다치바나의 가명을 받았는데, 그것을 시게쓰라의 자식에게 양도하라는 재촉을 받은 것이다. 5월 10일 자 문서에는 연도가 기록되지 않았지만 아마도 1574년이나 1575년의 것으로 봐야 할 것이다.

친조카이며 양자였던 시게쓰라는 어떤 인물이었을까? 약간 신경이 쓰이는 부분이다. 도세쓰와 시게쓰라의 사이가 별로 친하지 않았던 것을 감안하면 이해하기 쉽다. 시게쓰라의 아들에게 다치바나를 잇게 하고, 다치바나산성도 실질적으로는(시게쓰라의 아들이 성인이 될 때까지 시게쓰라가 성에 머물게 되므로) 시게쓰라에 내주게 된다. 도세쓰는 그것이 싫었다. 그래서 명목상으로는 딸에게 성주 자리를 물려주고 데릴사위를 들이려 했다. 이것이 이치에 맞는 설명일 것이다. 시게쓰라가 후일 시마즈가와 내통하다가 주군인 요시무네에게 죽임을 당한 일도 그와 관련이 있을 것 같다.

그런데 잠깐, 시게쓰라의 죽음은 누명에 의한 것이라는 해석도 유력하고, 무엇보다 명장 도세쓰가 그런 개인적인 감정에 따라 움직였을까 하는 의문도 버릴 수 없다. 그 뒷이야기는 소설가의 상상력에 맡기는 것이 좋을 듯하다.

히데요시가 '일본 무쌍의 용장'이라고 칭찬한 남자

히데요시는 시마즈군과의 싸움에서 건투한 다치바나 무네시게가 매우 마음에 들었던 모양이다. 지쿠고·야나가와 13만 석을 하사하고, 오토모가에서 독립시켜 히데요시 직속의 영주로 등용했다. 이 책에서 여러 번 지적한 것처럼 '남의 가문의 능력 있는 가신을 헤드헌팅'(도쿠가와가의 이시카와 가즈마사, 니와丹羽가의 나쓰카 마사이에長束正家처럼)했다. 겉으로는 오토모 소린이 추천했다고 전해지지만, 실제로는 히데요시에 의한 강탈로 봐야 한다.

무네시게의 입장에서는 자신의 능력을 인정받은 것이니

분명 자랑스러웠을 것이다. 그러나 무네시게를 데릴사위로 맞았던 아내인 긴치요는 어땠을까? 아버지(도세쓰)는 다치바나가를 이으면서 평생 친가인 벳키(오토모 분가)로 불리기를 원했다. 그 점에서도 알 수 있듯이 아버지의 소원은 다치바나가의 융성보다는 오토모가를 지키고 세우는 것이었다. 그런데 무네시게는……. 그래서 어쩌면 긴치요는 남편을 비판적인 시선으로 보았을 가능성이 있었다고 생각한다. 어디까지나 가능성이다.

다치바나가의 전투는 치열했다. 유력한 장교가 선두에 서서 돌격했다. 그래서 전사하는 명문자제가 많았다. 다치바나 일족, 도도키十時가, 오노小野가, 안토安東가 등이다. 도요토미가의 영주가 된 무네시게는 이후 히고의 무장 봉기를 진압하고 조선에 출병했다. 그곳에서도 치열한 싸움을 벌여 전과를 올렸다.

특히 무네시게의 이름을 드높인 것은 1593년의 '벽제관 전투'다. 이는 조선 반도의 벽제관(한국의 고양시 덕양구 벽제동)에서 벌어진 싸움이다. 이여송李如松이 이끄는 명군(4만여 명)은 평양을 탈환한 후 그 기세를 몰아 한성(서울)을 목표로 남하했다. 우키타 히데이에, 고바야카와 다카카게 등이 인솔하는 일본군(마찬가지로 4만여 명)은 명군을 맞아 싸웠다. 무네시게는 선두에서 많은 가신이 희생되는 가운데 명군의 전진을 굳건히 막았다. 덕분에 고바야카와군 등의 본진은 명군을 격파하고 승리를 거두었다. 무네시게는 히데요시로부터 '일본 무쌍의 용장'이라는 표창장을 받았다고 한다(『일본전사·조선역』 보전 제70 무네시게 벽제의 수공).

히데요시 사후의 세키가하라 전투에서 무네시게는 히데요시의 은혜를 잊지 않고 서군에 섰다. 고바야카와 히데카네小早川秀包, 소 요시토시宗義智, 쓰쿠시 히로카도筑紫廣門 등 규슈군과 함께 동군인 교고쿠 다카쓰구京極高次가 지키는 오쓰성 공격에 참전했다. 일주일에 걸친 전투 끝에 9월 15일 성은 함락시키지만, 같은 날의 세키가하라 본 전투에는 당연히 참가하지 못했다. 여기에서 의문이 생긴다. 이시다 미쓰나리는 왜 가장 강한 다치바나군을 본 전투에 투입하지 않았을까?

답은 두 가지로 해볼 수 있다. A: 미쓰나리는 실전에 대해서는 잘 몰라 다치바나가의 가치를 이해하지 못했다. B: 이 책에서 주장한 것처럼 세키가하라에서의 격돌은 흐름 가운데 일어난 것이다. 그래서 다치바나군을 활용하지 못했다.

A일 리는 없다고 생각하지만, 야습 작전을 둘러싸고 시마즈 요시히로를 이용하지 못한 점을 고려하면 그럴 리 없다고 부정할 수만도 없다.

여하튼 다치바나군은 서군이 괴멸되었음을 알고 오사카성으로 돌아갔다. 무네시게는 서군의 총대장인 모리 데루모토에게 오사카에 들어앉아 항전하라고 진언했다. 그러나 데루모토가 성을 나갔기 때문에 그도 야나가와로 돌아갔다. 귀환 도중 세키가하라에서 간신히 탈출한 시마즈 요시히로 일행과 합류했다. 한 가신이 "이제야말로 부군(친부인 다카하시 쇼운. 시마즈가와의 싸움에서 전사)의 원통함을 풀 때다"라고 진언하자 그것은 무사가 해야 할 일이 아니라면서 엄하게 꾸짖었다고 한다.

'라이키리마루' 전설의 수수께끼

전설의 검, 라이키리마루雷切丸가 실재한다!?

아무래도 사실인 것 같다. 현재 야나가와의 다치바나가 사료관에는 다치바나가에서 전해 내려온 라이키리마루가 소장되어 있다. 본래는 장검이었던 것을 연마하여 작은 요도로 고쳐놓은 것이다.

이 장의 서두에 쓴 것처럼 오토모가의 다치바나 도세쓰는 젊은 시절에 번개를 맞았다. 하지만 다부진 도세쓰는 그 충격에도 굴하지 않고 번개 속의 뇌신을 베었다. 이후 뇌신을 벤 검 '지도리'를 '라이키리'라는 이름으로 바꾸고, 항상 옆에 두었다고 한다(『오토모 흥망기』). 그 작은 요도가 바로 라이키리마루다.

뭐라고? 잠깐만, 뇌신이라는 것이 실제 존재할 리가 없지 않은가. 그래서 연구자답게 고문서를 찾아보았다. 앞에서 언급한 1575년 5월 28일 자 도세쓰의 양도에 관한 『다치바나 문서』다. 그 문서에서 도세쓰는 7세의 외동딸인 긴치요에 다치바나산성을 양도했는데, 그와 함께 비장의 도검 4점도 그녀에게 상속했다. '요도 일점 작일문자作—文字. 요도 일점 좌문자대유작左文字大酉作. 타도 일점 국준환관國俊丸貫. 장검 일점 장광長光'이 그것이다. 여기에 라이키리마루는 등장하지 않는다. 게다가 마지막의 장광에는 "내가 오랜 세월 애용한 것이다. 이 일점은 선조 대대로 보물로 물려주라"는 설명도 붙어 있다.

그렇다면 아마 지금 소장하고 있는 라이키리마루는 전승을 토대로 후세에 만들어진 것이 아닐까? 『오토모 흥망기』는 1630년대에 성립했다고 하므로, 어쩌면 라이키리마루도 그 당시에 만들어졌을지 모른다. 하지만 그렇다고 해서 이것이 도세쓰의 검이 아니라며 소란을 피우는 것도 현명하지 않은 행동이다. 야나가와에서 라이키리마루를 소중히 지켜왔다는 사실은 의심할 여지가 없으므로 우리도 경의를 표하는 것이 맞다고 생각한다.

다만 한 가지 신경이 쓰이는 점은 있다. 인터넷상에서 '센고쿠 벳기씨 연표戰國戶次氏年表'라는 충실한 홈페이지(http://www1.bbiq.jp/hukobekki/index.html)를 전재하고 있는 관리자에 따르면, 라이키리마루를 실제로 보면 검 끝 볼록한 부분에 걸쳐 봉우리 부분에 변색한 흔적이 있다고 한다. 어쩌면 이것이 번개에 맞은 자국일지도 모른다는 것이다. 이 추측이 맞다면 과연 어떻게 될까? 야나가와의 누군가가 라이키리마루를 만들면서 실제로 번개를 맞은 쇠를 산 것일까? 아니면 번개에 맞은 검이 이미 존재하고 그에 맞춰 도세쓰와 번개의 에피소드가 생긴 것일까? 곰곰이 생각하게 된다.

세키가하라 전투가 끝난 후의 다치바나 무네시게에 대해 살펴보자. 그가 기나이에서 규슈로 돌아가보니 구로다 조스이, 가토 기요마사, 나베시마 나오시게 등이 야나가와를 공격할 준비를 하고 있었다. 특히 한 번은 서군에 가담한 실패를 만회하려고 나베시마군이 무작정 다치바나군을 공격해왔다. 다치바나군이 맞서 싸우면서 야나가와성에서 농성전을 벌일 준비를 하자 나베시마군은 그대로 수로 밀어붙여 야나가와성을 공격했다.

무네시게는 과감하게 맞서 싸우며 성과 운명을 함께할 생각이었을 것이다. 그러나 조선에서 함께 고생했던 구로다 조스이, 그리고 울산성 전투에서 다치바나군의 도움을 받은 가토 기요마사가 열심히 설득했다. 그래서 무네시게는 항복을 결심하고 성을 내주었다. 성을 개방한 후에 도쿠가와 이에야스의 재정에 따라 영지는 모두 몰수되고 무네시게는 낭인浪人(일본 막부 시대의 떠돌이 무사―옮긴이)이 되었다.

긴치요의 보리사와 마쓰다 세이코

한쪽은 누구나 인정하는 싸움꾼인 다치바나 무네시게. 한쪽은 용장 다치바나 도세쓰의 무남독녀로 보기 드문 여성주인 긴치요 공주. 대단한 커플이지만 유감스럽게도 두 사람은 사이가 별로 좋지 않았다고 한다. 긴치요는 그야말로 자존심이 강하고 드센 성격이었을 테고, 무네시게도 지지 않았을 테니 두 사람은 만나기만 하면 불꽃 튀는 신경전을 벌였다 해도 이상할 것이 없다.

두 사람 사이에는 자식이 없었다. 하지만 그것이 둘 사이가 소원했다는 사실을 증명하는 것은 아니다. 오히려 후계자가 태어나지 않았음에도 무네시게가 좀처럼 측실을 두지 않았던 것은 긴치요를 사랑했기 때문이라고도 할 수 있다.

앞서 소개한 시마즈 다다쓰네(후에 이에히사로 개명)의 예도 있다. 다다쓰네는 가고시마의 초대 영주지만, 선대 시마즈가의 당주인 백부 요시히사를 배려하여 그가 살아 있는 동안에는 요시히사의 딸인 아내 외에 측실을 두지 않았다. 이에 비추어 생각하면 도세쓰 시대부터 섬기던 다치바나가의 가신 앞에서 긴치요를 존중하는 자세를 보인 것이라는 해석도 가능하다. 결국 그 속사정을 알 수 없으니 두 사람의 사이가 어떠했는지는 추측하기 어렵다.

두 사람의 사이가 나빴다는 또 하나의 근거로 별거한 사실을 들 수 있다. 무네시게는 히데요시의 마음에 들어 오토모가에서 나와 야나가와에서 도요토미의 영주가 되었다. 그에 따라 긴치요도 당연히 야나가와성에서 살아야 했다. 그런데 그녀는 성을 나와 미야나가촌(야나가와시 가미미야나가정)에서 생활했다. 무네시게가 세키가하라 전투에서 패하여 야나가와성을 몰수당한 후 낭인이 되자 긴치요는 히고국 다마나군 하라카촌(구마모토현 다마나군 나가스정)으로 옮겨 무네시게와 따로 떨어져 지냈다. 이 별거 이야기는 분명히 두 사람의 불화를 예상하는 하나의 근거가 된다.

긴치요는 가토 기요마사(히고의 태수)의 비호를 받으며 생활하다가 1602년에 그곳에서 삶을 마쳤다. 향년 34세. 한편 무네시게는 주요 가신과 함께 교토, 에도를 거점으로 취직 활동을 한 것 같다. 덕분에 1604년에 무사로 부름을 받고 그로부터 얼마 후에 무쓰다나구라(후쿠시마현 히가시시라카와군 시라카와시 부근. 이바라키현, 도치기현과도 인접)에 1만 석을 하사받아 영주로 복귀하여 메이지유신까지 이어지는 다나쿠라번을 세웠다. 그는 센고쿠 시대의 분위기를 알고 있는, 좀처럼 찾아보기 힘든 대화 상대로서 도쿠가와 히데타다德川秀忠에게 후대를 받은 듯하다. 이후 영지가 3만 석으로 확대되었다.

무네시게는 오사카 진영에는 다나쿠라의 영주로 참가했고(물론 도쿠가와 쪽), 그로부터 5년 후인 1620년에 마침내 지쿠고·야나가와 11만 석을 하사받고 옛 영지로 복귀했다. 한 번 몰수된 옛 영지를 회복한 예는 무네시게밖에 없다. 다치바나가는 이후 메이지유신까지 야나가와의 영주로서 존속했다.

옛 영지로 돌아간 무네시게는 곧바로 정토종의 오요応譽 고승을 초대해 료세지(야나가와시 니시우오야정 서쪽)를 건립 하여 긴치요의 위패를 극진히 모셨다. 그녀의 장엄한 묘는 지금까지도 같은 절에 모셔져 있다.

흥미로운 점은 오요 고승의 혈통으로, 그는 지쿠고를 대 표하는 무가인 가바이케蒲池가(도치기 우쓰노미야가의 지류) 출신이다. 그래서 료세지는 야나가와번을 가신으로 섬긴 가바이케가의 보리사菩提寺(선조 대대의 위패를 모신 절—옮긴 이)이기도 했다. 이 료세지·가바이케가의 자손 중 한 사람 이 현대를 대표하는 가수인 마쓰다 세이코松田聖子다.

영지 회복의 니와 나가시게

앞서 다치바나 무네시게에 대해 '세키가하라의 패전에서 한 번 몰수된 옛 영지를 회복한 유일한 사례'라고 소개했 다. 옛 영지를 그대로 회복하지는 못했지만, '몰수당한 것과 같은 규모의 영지를 회복한 영주'로는 또 한 사람이 있다. 니와 나가시게丹羽長重다.

나가시게의 부친인 니와 나가히데丹羽長秀는 오다 노부나가의 중신으로, 아즈치 축성을 담당한 관리이기도 했다. 니와의 '羽'와 시바타 가쓰이에의 '柴'를 따서 히데요시가 '하시바羽柴'를 자칭했다는 이야기는 유명하다(다만 확증은 없다). 혼노지의 변이 있은 후에 나가히데는 한결같이 히데요시를 지지했다. 그 공적으로 와카사와 에쓰젠의 대부분, 나아가 가가의 일부를 다스리는 대영주가 되었다.

그런데 나가히데가 죽고 나가시게가 15세의 나이에 후계를 잇자 히데요시는 여러 구실을 만들어 영지와 가신(그 대표적인 사람이 후일 히데요시의 다섯 가신 중 한 사람인 나쓰카 마사이에)을 빼앗았다. 니와가는 먼저 에쓰젠과 가가를 몰수당하여 와카사 15만 석의 영주가 되었다가 1587년의 규슈 정벌 때에는 가신이 뿔뿔이 흩어졌다는 이유로 와카사도 몰수당했다. 그렇게 겨우 가가맛토 4만 석의 소영주가 되어버렸다.

대폭적이고 무자비한 감봉이었다. 하지만 전제군주 히데요시는 그 일을 해냈다. 앞서 소개한 고바야카와 히데아키도 그랬고, 가모가에 대해서도 그랬다. 1595년에 아이즈를 다스리던 가모 우지사토가 급사하고 아들인 히데유키秀行가 13세에 후계를 이었다. 그러자 히데요시는 아이즈를 몰수하고 새로이 오미 2만 석(겨우 이만큼!)을 하사하려 했다. 다행히 그때는 간파쿠 도요토미 히데쓰구의 도움으로 아이즈 92만 석을 상속받게 되었지만, 결국 그로부터 3년 후 히데유키는 우쓰노미야 12만 석에 봉해졌다.

나가시게도 오다와라 정벌에 종군한 공을 인정받아 4만 석에서 가가고마쓰 12만 석으로 영지가 늘었는데, 이때에 종삼품 참의의 높은 관직을 받았다. 도요토미의 여러 영주(후쿠시마 마사노리나 이시다 미쓰나리 등)가 종사품에 그친 것과 비교하면 파격적이다. 히데요시로서는 관직 따위는 아무래도 상관없었고 하나도 아깝지 않았을 것이다. 나게시게는 주위로부터 고마쓰 재상으로 불리게 되었다.

히데요시에게 그런 푸대접을 받았으면서도 나가시게는 세키가하라 전투에서 서군에 붙었다. 인접한 대영주인 마에다 도시나가가 동군에 합류하자 마에다군과 검을 맞대며 몹시 괴롭혔다. 마에다의 2만 대군은 결국 세키가하라로 진군하지 못했으니 나가시게의 공은 꽤 크다고 할 수 있다. 하지만 싸움은 동군의 승리로 끝났고, 니와가의 공적은 무효가 되었다. 뿐만 아니라 벌을 면할 수 없게 되었다.

그러나 가문을 상속한 당초부터 변화무쌍한 흥망을 경험한 나가시게는 그 정도의 일로는 굴하지 않았다. 포기하지 않고 취직 활동을 계속하여 3년 후에는 히타치 홋토 1만 석을 하사받고 영주로 복귀했다. 오사카 진영에서는 무공을 세워 1619년에 히타치 에도사키 2만 석을 하사받았다. 그로부터 3년 후에는 다치바나 무네시게에게 봉해져 있던 무쓰 다나쿠라에서 5만 석의 영지를 얻었다. 그리고 에도 초기인 1627년에 10만 석으로 무쓰의 요지 시라카와로 옮겨 초대 영주가 되었고, 시라카와성을 대대적으로 개수했다. 세키가하라 이전에 다스리던 규모만큼 회복한 것이다.

만년에는 다치바나 무네시게와 마찬가지로 제2대 쇼군인 도쿠가와 히데타다와 제3대 쇼군인 도쿠가와 이에미쓰德川家光의 말벗이 되었다. 신흥 영주이기는 했지만, 나가시게에 대한 히데타다의 신뢰는 두터웠던 듯하다. 나가시게는 어떻게 '자신의 세키가하라 전투'를 치러낸 것일까? 다음 장에서는 이야기의 무대를 호쿠리쿠로 옮겨보자.

제 6 장

마에다는 왜 100만 석인가

오타니 요시쓰구의 부름에 응한 영주들

1600년 6월 16일, 도쿠가와 이에야스는 후쿠시마 마사노리와 구로다 나가마사 등 여러 장군을 이끌고 오사카성을 출발하여 아이즈의 우에스기 가게카쓰를 토벌하러 나섰다. 에쓰젠 쓰루가 5만 석의 오타니 요시쓰구는 평소 이에야스와 친한 사이로 토벌군에 참가하기 위해 쓰루가를 출발했다. 관할하던 도요토미가의 토지에서도 군사를 징집하여 3000명의 군사를 마련했다. 아이즈를 향하던 도중 요시쓰구는 근신 중인 이시다 미쓰나리를 만나러 오미사와 산성을 방문했다. 미쓰나리와 이에야스의 험악한 관계를 바로잡기 위해 미쓰나리의 적자인 시게이에(세키가하라 전투 후 불문에 귀의하여 목숨을 구했다)를 자신의 군에 종군시킬 생각이었다.

그런데 여기에서 미쓰나리는 요시쓰구에게 이에야스를 토벌하기 위해 군사를 일으킬 계획임을 밝혔다. 경악한 요시쓰구는 '승산이 없음'을 거듭 강조했지만, 미쓰나리는 결심을 번복하지 않았다. 어쩔 수 없이 요시쓰구는 미쓰나리와 행동을 같이 하기로 했다. 그리고 미쓰나리에게 "당신이 아군을 모으려 나서면 평소의 건방진 태도 때문에 모두 이에야스에게 붙을 것이다. 모리 데루모토나 우키타 히데이에를 앞장세워야 한다"고 엄하게 충고했다. 7월 12일, 사와산성에서 미쓰나리와 요시쓰구, 마시타 나가모리增田長盛, 안코쿠지 에케安國寺惠瓊 등이 회의하여 모리 데루모토를 총대장으로 정하면서 이른바 '서군'의 골격이 갖춰졌다.

요시쓰구는 왜 이에야스와 친한 사이였음에도, 게다가 패배를 예측하면서도 미쓰나리와 함께하기로 했을까? 아무래도 요시쓰구와 미쓰나리는 친우였던 듯하다. 요시쓰구의 움직임을 따라가보면 그는 미쓰나리와 함께 주로 병참(보급) 면에서 활약한 것이 분명해 보인다. 히데요시의 눈에 든 청년 오타니 기노스케大谷紀之介와 이시다 사키치石田佐吉는 매일 함께 일하면서 우정을 키워갔던 것이다. 다만 유명한 '요시쓰구와 미쓰나리의 차' 이야기는 제1장에서도 다룬 것처럼 후세의 역사 소설가(아직 누구인지는 밝혀지지 않았다. 상당히 유사한 이야기가 다이쇼 시대 후쿠모토 니치난福本日南

의 『영웅론英雄論』에도 등장한다)의 창작이다.

미쓰나리는 군사를 이끌고 오사카로 진군하여 7월 17일에 군사를 일으켰다. 요시쓰구는 일단 영지인 쓰루가로 돌아가 호쿠리쿠의 영주들에게 서군에 참가하기를 권유했다. 그리고 미쓰나리의 권유는 크게 성공하여 전장에서 언급한 니와 나가시게(가가·고마쓰 12만 석), 야마구치 무네나가(가가·다이쇼지 5만 석), 아오키 가즈노리青木一矩(에쓰젠·기타노쇼 8만 석)를 비롯해 에쓰젠과 가가 남부의 중소 영주들이 빠짐없이 서군에 참가했다.

믿을 수 없이 강대했던 그들의 적은 5대 장로 중 한 명인 가나자와의 마에다 도시나가였다. 전년 윤3월에 '이에야스에게 간신히 대항할 수 있었던 단 한 명의 사내'였던 마에다 도시이에前田利家가 죽고, 적자인 도시나가가 그 뒤를 이었다. 그러자 이에야스는 도시나가의 모반을 구실로 가가 정벌을 꾀했다. 마에다가의 가신인 요코야마 나가치카横山長知는 필사적으로 도시나가의 무고를 변명하며, 도시나가의 생모인 호슈인芳春院(도시나가의 조강지처, 마쓰まっ)을 인질로 보내고, 다마히메珠姬(도쿠가와 히데타다의 차녀)와 마에다가의 결혼을 약속했다. 이렇게 마에다가는 완전히 도쿠가와의 휘하로 들어가 친도쿠가와 노선을 걷게 되었다. 물론 세키가하라 전투에서도 마에다가는 '동군'에 합류했다.

이상한 것은 마에다의 다른 영주들이 나란히 서군에 합

류한 점이다. 요시쓰구의 회유가 능숙했겠지만 그 때문만은 아닐 것이다. 어쩌면 죽은 히데요시가 그들에게 '마에다가를 경계하라'고 은밀히 지시했던 것이 아닐까? 히데요시와 도시나가는 친구였던 것으로 알려져 있지만, 뒤로는 서로를 노리고 있었다는 것도 있을 법한 이야기다.

오타니 요시쓰구의 모략

세키가하라 전투 시 마에다가의 영지는 마에다 도시나가가 가가의 5분의 3 정도로 엣추 일국, 도시나가의 동복형 제인 도시마사利政가 노토 일국을 다스리고 있었다. 히데요시가 실시한 검지 후의 숫자를 적용하면 가가령이 20만 석 이상, 엣추령이 40만 석 미만, 노토령이 20만 석 이상으로, 합하면 80만 석 정도다. 에도 시대처럼 '가가 100만 석'에는 이르지 못하지만 대영주였던 것은 분명하다.

주변의 중소 영주가 나란히 서군에 합류한 가운데 마에다 도시나가는 2만여 명의 대군을 이끌고 전란에 뛰어들었다. 7월 26일(이에야스는 이보다 이틀 전에 미쓰나리의 거병을 고야마에서 알게 되었다), 가나자와에서 서남쪽으로 진군하여 우선 니와 나가시게의 고마쓰성(고마쓰시 마루노우치정)을 공격하기로 했다. 그런데 좀처럼 빈틈을 찾을 수 없었다. 그도 그럴 것이 본래 요충지로 유명한 성곽에 후일 축성의 명수로 이름을 알린 나가시게가 여러 모로 강구하여 성을 더욱 견고히 했기 때문이다. 그래서 마에다군은 성 공격을 포기하고 나가시게의 움직임을 막을 정도의 군사만 남긴 채 계속해서 서남쪽으로 행군하여 야마구치 무네나가의 다이쇼지성(가가시 다이쇼지니시키마치)을 포위했다.

야마구치 무네나가는 이전에도 언급한 것처럼 도요토미 히데요시를 섬겼고, 히데요시의 조카인 히데아키가 고바야카와가를 계승하자 히데아키를 따라가 고바야카와가의 가신이 된 사람이다. 그런데 고바야카와가의 옛 가신들과 맞지 않았던 것인지, 히데아키와의 사이가 나빴던 것인지 고바야카와가에서 나와 독립 영주가 되었다. 도시나가는 항복을 권고했지만, 무네나가는 이를 거부했다. 그리하여 8월 2일, 마에다군은 총공격을 개시했다. 수비하는 군사가 매우 적었기 때문에 성은 이튿날에 함락되었고, 야마구치 무네나가, 노부히로修弘 부자는 자결했다.

다이쇼지성을 손에 넣은 후 마에다군은 에쓰젠으로 들어갔다. 그런데 호소로기(아와라시)에서 진군을 중단하고 (『오즈농성전기大津籠城合戰記』) 가나자와로 돌아갔다. 이 이해하기 어려운 행동이야말로 오타니 요시쓰구가 꾸민 모략의 성과였다. 요시쓰구 입장에서는 마에다군과 정면으로 부딪쳐 싸우면 승산이 없다. 그러나 이 대군이 동군으로서 기나이를 공격하는 일이 없도록 어떻게 해서든지 저지해야 했다. 무슨 수를 써서라도 그 발목을 잡는다면 서군에게는 큰 이익이 된다. 그래서 등장한 모략이다.

예를 들어 『가칸소설可觀小說』에는 다음과 같은 이야기가 실려 있다. 요시쓰구는 미리 나카가와 미쓰시게中川光重를 붙들어두었다. 이 미쓰시게는 도시나가의 이모의 사위이면서 무사이고 다도인이었다. 마에다가에게서 2만여 석을 받았으며, 도요토미 히데요리의 말상대이기도 했다. 서예가로도 유명한 미쓰시게에게 요시쓰구는 8월 3일 자로 거짓 편지(도시나가 앞)를 쓰게 했다. 현대어로 번역하면 다음과 같다.

이번에 호쿠리쿠의 각 영주는 오타니 요시쓰구에게 붙었다. 요시쓰구는 4만 명이 넘는 병력으로 호쿠리쿠 제패에 나섰다. 1만7000명은 기타노쇼(후쿠이시)에서 육로로 나아가고, 3만 명은 배로 가가를 향하여 가나자와 공격을 목표로 하고 있다. 조심하시기를.

이 편지를 읽은 도시나가는 경악했다. 미쓰시게의 필적이 틀림없었다. 갑자기 믿기 어려운 이야기지만, 가나자와가 공격받는다면 큰일이었다. 그렇게 생각한 도시나가는 가나자와로 긴급 회군을 결정했다는 것이다.

『가칸소설』은 그로부터 100년 정도 지나서 쓰였기 때문에 엄밀한 사료로는 채택할 수 없다. 그러나 있을 법한 이야기다. 요시쓰구의 주변에서 비슷한 소문이 퍼져 마에다군이 철수하기 시작한 것이 아닐까? 아울러 나카가와가는 마에다가의 중신(5000석)으로서 에도 시대까지 존속되었다.

호쿠리쿠의 세키가하라

1600년 8월 8일, 마에다 도시나가가 이끄는 군사는 가가와 에쓰젠의 국경 근처에서 진군을 멈추고, 가나자와로 귀환하기 시작했다고 앞서 말했다. 다만 마에다의 대군이 급하게 가나자와로 돌아가는 데에는 한 가지 난관이 있었다. 귀로에는 아직 함락시키지 못한 니와 나가시게(서군)의 고마쓰성이 위치한 것이다.

가나자와로 퇴각하는 뒤쪽에서 니와군이 추격해오면 군사들이 공황 상태에 빠져 예상치 못한 피해를 입을지도 모른다. 도시나가는 가능한 한 비밀리에 철수하고 싶었지만 2만 명이 넘는 대군을 이끌고 있는 상황에서는 무리한 이야기였다. 4명씩 줄서서 행군한다고 하면 앞뒤로 1미터 간격을 두며 걷는다. 따라서 2만 대군이면 선두에서 맨 뒤까지 5킬로미터가 넘는다. 이래서는 몰래 지나갈 수 없다. 곧바로 마에다군의 철수를 알아챈 나가시게는 군사를 이끌고 고마쓰성을 나왔다.

북쿠리쿠北陸의 칠국도.

고마쓰성의 남쪽에 아자이나와라는 곳이 있다(고마쓰시 다이료정). 사전에는 나와를 '논 사이의 길. 논두렁길. 길게 뻗은 길'로 표기하고 있다. 넓은 수렁이나 깊은 논. 그 안을 몇 개의 좁은 길이 지나는 장소로 생각하면 될 것이다. 요 컨대 움직이기 매우 어렵고 걷기 힘든 장소다. 나가시게는 이 아자이나와에서 마에다군을 기다렸다.

8월 9일, 마에다군이 아자이나와를 지나갈 때, 매복해 있던 니와군은 맨 뒤를 맡고 있던 조 쓰라타쓰의 군대를 습격했다. 조가는 본래 노토 아나미즈穴水의 성주였다. 주군 인 하타케야마畠山가와 우에스기 겐신의 전란 속에서 일족 대부분이 죽고 쓰라타쓰만 살아남았다. 쓰라타쓰는 오다 가에 접근하여 마에다 도시이에의 가신이 되었는데, 수차 례의 싸움에서 공적을 세웠다. 그리하여 중신 대우를 받아 3만여 석을 지배하고 있었다. (오키나와 전투의 조 이사무長勇 참모는 이 조가의 자손이라고 하는데, 확인된 사실은 아니다.)

당일에는 한밤부터 비가 계속 내려 총을 사용할 수 없었 다. 양군의 백병전이 전개되었다. 마에다 쪽에서 보면, 좌우 에서 습격을 당한 데다가 길이 좁아 전방의 부대가 좀처럼 도와주기 힘든 상황이었다. 그래서 큰 피해를 입었지만, 싸 움에 능한 쓰라타쓰는 힘겹게 군대를 정비하여 니와군에 응전하여 전군의 행군에 지장이 없도록 필사적으로 싸웠 다. 오늘날 아자이나와의 옛 싸움터에 가면 이 전투에서 쓰러진 쓰라타쓰 휘하 아홉 무사의 무덤이 있다(조가 아홉 무사의 무덤). 최후방 부대의 희생적인 분투 덕분에 마에다 전군은 니와군의 추격을 뿌리치고 간신히 가나자와로 철수할 수 있었다.

이 싸움을 세상은 '호쿠리쿠의 세키가하라' 전투라고 부른다. 마에다 도시나가는 이후 신중하게 가나자와의 방비를 굳건히 하고 군을 움직이지 않았다. 8월 말에 이에야스는 도시나가에게 출진을 명했다. 도시나가는 서둘러 미노 세키가하라로 향했지만, 결국 늦어버리고 말았다. 게다가 이때 다이쇼지성 공격에는 참전했던 도시나가의 남동생 도시마사는 거성인 노토의 나나오성에 틀어박힌 채 움직이지 않고, 동군에 합류하지 않았다. 서군에 붙었다는 설도 있고, 동군·서군 어느 쪽이 승리하더라도 마에다의 가명을 남기려 했다는 설도 있다.

9월 15일의 세키가하라 전투에서 오타니 요시쓰구는 고바야카와 히데아키군의 공격을 받아 전사했다. 그 전말은 유명한데, 요시쓰구는 세키가하라 전투에 앞서 마에다가를 가나자와에 묶어두는 큰일을 해냈다. 이를 아는 사람은 별로 없다. 쓰루가 5만 석의 소영주이면서도 요시쓰구는 엄청난 공적을 세운 것이다.

마에다 도시이에의 인품이 낳은 '가가 100만 석'

가가 다이쇼지의 야마구치 무네나가는 마에다군과의 싸움에서 패하여 적자인 노부히로와 함께 자결했다. 가가·고마쓰의 니와 나가시게는 아자이나와의 싸움에서 마에다군에 뼈아픈 일격을 가했지만 그 후 항복했다.

오타니 요시쓰구의 모략에 놀아나 일단 가나자와로 돌아간 마에다 도시나가는 도쿠가와 이에야스의 요청을 받고 다시 출진했지만, 끝내 세키가하라 전투에는 참전하지 못했다. 이때 노토 일국을 다스리던 마에다 도시마사(도시나가의 동복 남동생)는 형 도시나가와 연을 끊고 이에야스의 요청에 따르지 않았다.

세키가하라 전투가 끝나고 야마구치가는 사라졌다. 니와 나가시게도 평민으로 전락했다. 니와가 고난 끝에 영주로 복귀한 것은 제5장에서 이야기한 대로다. 그리고 마에다 도시마사는 노토를 몰수당했다. 그런데 그 영지는 그대로 형 도시나가에게 복속되었다. 게다가 야마구치가의 다이쇼지령, 니와가의 고마쓰령이 도시나가에게 하사되었다. 가가, 엣추, 노토 세 영지를 지배하는 '가가 100만 석'이 탄생한 것이다.

에쓰젠·기타노쇼 8만 석을 지배하던 아오키 가즈노리도 서군이었기 때문에 영지를 몰수당했다. 가즈노리는 일찍부

마에다 도시이에의 초상.

터 우시 히데요시를 따랐는데, 히데요시의 양부인 지쿠아미竹阿弥(친부라는 설도 있다)의 친척이었던 모양이다. 그런 관계 때문인지 그의 손녀(적자인 도시노리俊矩의 딸) 구나이쿄노스보네宮內卿局는 도요토미 히데요리의 유모였다. 또 그녀의 친자식이 명실상부한 청년 무사로 유명했던 기무라 시게나리다.

다이쇼지성의 공방에서 아버지와 형을 잃은 야마구치 히로사다山口弘定는 도요토미 히데요리를 따르며 기무라 시게나리의 여동생을 아내로 맞이했다. 오사카 전투에서는 도요토미 쪽의 무장으로 싸웠고, 와카에 전투若江の戰い에서는 처남인 시게나리와 함께 전사했다. 아오키 가즈노리는 세키가하라 전투가 끝나고 머지않아 병사했다. 그의 자식인 도시노리와 손자 구사노리久矩는 마에다가의 식객이 되었다. 그리고 도시노리는 가나자와에서 생을 마쳤다. 구사노리는 오사카 전투에서 도요토미 쪽에 붙어 전사했다.

그리고 사소한 '지식'인데, 도시노리보다 한참 어린 여동생이 도쿠가와 이에야스의 측실인 오우메노카타お梅の方다. 그녀는 나중에 이에야스의 총신인 혼다 마사즈미本多正純에게 보내져 그의 정실이 되었다. 유명한 '우쓰노미야 암살 사건'으로 마사즈미가 실각한 후, 이세야마다로 옮겨 그곳에서 생을 마쳤다. 마사즈미와의 사이에 아들은 없다.

그렇더라도 왜 이에야스는 마에다가를 극진하게 대우했

을까? 마에다가의 호쿠리쿠에서의 싸움은 실력에 비하면 불충분했다. 전체적으로는 오타니 요시쓰구에게 당한 듯한 느낌을 버릴 수 없다. 노토를 몰수당해도 필시 불평하기 어려울 정도였다. 노토를 돌려받는 것만으로도 감지덕지였다. 그런데 이에야스는 영지를 더해(고마쓰와 다이쇼지, 18만 석 정도) 주었다.

흔한 이야기지만, 아마도 '마에다가의 명성'을 들이대면 납득하기 쉬울 것이다. 세키가하라 전투가 있기 1년 전에 전횡을 일삼던 이에야스를 마에다 도시이에가 엄하게 규탄하면서 후시미(도쿠가와 측)와 오사카(마에타 측)가 무력 충돌의 직전까지 몰린 적이 있었다. 이때 가토 기요마사, 호소카와 다다오키細川忠興, 가토 요시아키加藤嘉明, 아사노 요시나가淺野幸長 등은 이에야스가 아닌 요시이에의 편에 섰다.

세키가하라에서 동군에 속한 그들 '무단파의 여러 장군'을 안심시키려면 도시이에의 마에다가를 소홀히 할 수 없었다. 죽은 도시이에의 인품이 에도 시대에 빛을 발한 '가가 100만 석'을 만들어낸 것이다.

제7장

노부나가, 히데요시, 이에야스의 아내들

'창업'과 '수성'

신규로 사업을 시작하는 '창업'과 그를 유지하는 '수성'. 창업과 수성은 과연 어느 쪽이 더 어려울까? 이 주제는 특히 비즈니스에서 다양하게 논의되어왔다.

바보 같은 질문을 하나 하겠다. '창업'과 '수성'은 본래 어디에서 비롯한 이야기일까? 바로 답할 수 있는 사람은 그리 많지 않을 것 같다. 답은 『정관정요貞觀政要』로 굴지의 명군으로 유명한 당나라 태종 이세민李世民과 중신들의 언행록이다. 700년경에 편찬되어 일본에는 헤이안 시대에 전해졌다. 제왕학의 교과서로 널리 이용되었는데, 도쿠가와 이에야스도 읽었다고 한다.

1권에서 태종이 좌우 신하들에게 물었다. "제왕의 행동으로서, 창업과 수성 중 어느 쪽이 더 어렵겠느냐?" 방현령房玄齡(태종의 첫 번째 신하, 정치가)이 앞으로 나와 답했다. "제왕이 천하를 지배하려면 각지의 군웅을 공격하여 무너뜨리고, 힘든 싸움을 이겨내야 합니다. 그러하니 분명 창업이 더 어려울 것입니다."

위징魏徵(태종을 엄하게 가르친 것으로 유명한 신하. 『술회述懷』에서 '인생이란 의기로 사는 것'이란 말을 남기기도 했다)이 반론했다. "제왕의 자리는 하늘이 내리는 것이므로 (그에 마땅한 사람이) 그 자리를 얻는 것은 어려운 일이 아닙니다. 하지만 한 번 그 자리에 오른 후 왕은 종종 교만해집니다. 백성은 괴로워하고 나라는 쇠퇴합니다. 그러하니 수성이 더 어렵다고 생각합니다."

태종이 정리했다. "방현령은 나와 함께 천하를 평정하며 온갖 고생을 했다. 그래서 창업이 더 어렵다고 생각했다. 위징은 앞으로 내가 제멋대로 행동한다면 왕조는 반드시 멸망할 것이라며 걱정하고 있다. 그래서 수성이 더 어렵다고 말했다. 이제 창업의 난은 끝났다. 앞으로 나는 수성의 난을 자네들 유능한 신하와 함께 극복해가고자 한다."

정말 훌륭한 왕이 아닌가. 이 사람이 황태자였던 형 이건성李建成과 동복동생인 이원길李元吉을 죽이고(현무문玄武門의 변), 그 일족에게 죽음을 명하고, 부친인 고조(당의 개국황제인 이연李淵)에게서 황위를 쟁탈했다고는 도저히 믿기 어렵다. 중국의 역사는 일본보다 훨씬 가혹하다.

창업과 수성의 관계를 구체적으로 사람에 빗대어 생각해보자. 그러면 창업은 초대가 할 일, 수성은 주로 2대가 할 일이 될 것이다.

일본의 권력자를 예로 들면, 가마쿠라 막부에서 미나모토노 요리토모源賴朝는 이상적인 창업자였다. 무사들의 신뢰를 한 몸에 받으며 일본 최초의 무가 정권을 세웠다. 그런데 2대인 요리이에賴家는 믿음직스럽지 못했다. 요리토모만큼의 리더십을 발휘하지 못한 채 가신들에게 버림받았다. 그 결과, 막부는 호조가에 계승되어 이어졌지만, 미나모토 막부는 3대에서 끊겨버렸다.

무로마치 막부의 초대는 아시카가 다카우지다. 지나치게 인간적이고 결점도 많은 인물이었지만 일단 군사 지휘관으로서의 수완은 뛰어났다. 2대는 아시카가 요시아키라足利義詮다. 음, 이 사람은 어떻게 평가해야 할까? 잘 모르겠다. 부친인 다카우지와는 정반대로 군사적인 재능이 부족했던 것은 틀림없다. 정치적으로 뛰어났다는 이야기도 듣지 못했다. 그래도 요시아키라가 정권을 유지할 수 있었던 이유는 숙부인 다다요시直義가 미리 '수성'을 잘 다져놓았기 때문이라고 해야 할 것 같다. 다만 요시아키라는 죽기 전에 어린 아들을 맡길 인물을 잘 선택해놓았다. 그 사람은 호소카와 요리유키細川賴之인데, 요리유키가 키운 쇼군이 바로 아시카가 요시미쓰다.

그렇다면 도쿠가와 막부는 어떨까? 이에 대해서는 다음 항에서 이야기하기로 하자.

히데타다가 여섯 살 연상의
애 딸린 이혼녀를 사랑한 이유

앞서 창업과 수성에 대해 이야기했는데, 이를 에도 막부에 적용하면 어떻게 될까? 창업은 도쿠가와 이에야스다. 호불호는 있겠지만, 이에야스가 정치와 군사 양면에서 뛰어난 인물이었다는 사실은 부정할 수 없다. 도요토미 히데요시의 사후, 이에야스에 필적할 만한 능력이나 경력을 갖춘 인물은 눈에 띄지 않는다. 분명 영주를 통솔할 만한 기량이다.

그렇다면 수성해야 할 2대인 히데타다는 어떨까? 잘 모르겠다. 어려서부터 영리했다거나 크면서 총명해졌다는 에피소드는 전혀 없다. 무예나 지략이 뛰어났다는 이야기도 들어보지 못했다. 뛰어난 가신들에게 묻혀 히데타다 본인의 개성은 눈에 띄지 않는다. 주위의 조력자들을 뛰어넘는 두드러진 특징은 없었고, 평균적이라거나 범인이라는 평가가 적절하다고도 생각된다.

히데타다의 캐릭터를 생각할 때 먼저 떠오르는 것은 부인과의 관계다. 알다시피 그는 두 번의 결혼 경력이 있고,

자식이 한 명 있으며, 여섯 살 연상인 고江(아자이 나가마사의 딸)와 결혼하여 2남 5녀를 두었다. 그녀 외의 여성이 낳은 아이는 호시나 마사유키保科正之뿐이다. 측실은 두지 않았다. 당시 천하를 지배하는 위치에 있던 사람으로서는 놀라울 정도로 검소하다. 히데타다가 정실 외의 여성을 원하지 않았던 이유로 세 가지를 생각할 수 있다.

① 고가 뛰어난 미인이었다.
② 고가 매우 매력적인 여성이었다.
③ 고의 배후에 그녀를 지원하는 유력자가 있었다.

고는 가인으로 명성이 높았던 오이치노카타お市の方의 딸인데, 그녀가 어머니를 닮아 빛나는 미인이었다면 호색한인 도요토미 히데요시가 가만두었을 리가 없다. 히데요시에게 '오다가'는 몹시 손에 넣고 싶은 동경의 대상이었기에 그는 노부나가의 딸과 질녀인 자차茶々를 측실로 삼았다. 그러므로 고가 아름다웠다면 당연히 히데요시가 애첩으로 삼았을 것이다. 따라서 고는 그리 아름답지 않았을 것으로 추측된다.

③도 아닐 것이라 생각한다. 앞서 다룬 시마즈 다다쓰네(후일의 이에히사)는 사이가 나쁜 정실 한 명만 아내로 두었다. 그녀가 가고시마의 최고 실력자인 시마즈 요시히사(당

시는 출가하여 류하쿠)가 사랑하는 딸이었기 때문이다. 요시히사의 노여움을 사면 당주의 지위가 위태로워진다. 그래서 어쩔 수 없이 측실을 두지 않았다(요시히사가 죽자 정실과 별거하고 8명의 측실을 거느렸다). 하지만 고는 그러한 권세자의 비호를 기대할 수 없었다.

고는 질투가 심하여 히데타다의 바람기를 용서하지 않았다고 한다. 그런데 이 또한 말이 안 되는 이야기다. 권력자는 히데타다가 아닌가. 그가 마음에 들지 않았다면 고와 이혼하면 그만일 뿐이었다. 그렇더라도 히데타다의 행동을 비난할 사람은 아무도 없었다. 당시 일본에서는 이혼을 비난하는 종교도, 관습도 없었기 때문이다.

남는 것은 ②다. 너무 쉽게 결론이 나지만, 고는 인간적으로 훌륭한 여성이었던 것이 아닐까? 어쩌면 히데타다와 고는 마음이 아주 잘 맞았는지도 모른다. 여하튼 히데타다는 고를 몹시 사랑해서 측실을 둘 필요를 느끼지 않았을 것이다. 히데타다는 외양의 화려함보다는 내적인 풍요로움을 존중할 수 있는 사람이었던 것이 아닐까?

아니, 잠깐만, 적나라한 속내를 이야기해보자. 어떤 미녀라도 마음대로 고를 수 있다니 모든 남성이 궁극적으로 꿈꾸는 자리가 아닌가. 그런 자리에 앉아서 가만히 있었다니 도무지 믿을 수 없다. 거짓말이다. 속된 욕망으로 가득한 우리는 여기에서 초조한 마음으로 추측하지 않을 수 없다.

히데타다, 당신은 사실 배포가 엄청 큰 거물이었던 건가?

마음의 상처를 입은 히데타다의 '수성'

1600년 8월 24일, 도쿠가와 히데타다는 3만8000명의 대군을 이끌고 서쪽을 향해 도산도를 지났다. 아이즈의 우에스기 가게카쓰를 정벌하러 향하던 도중 이시다 미쓰나리가 군사를 일으켰다는 소식이 날아들어 후쿠시마 마사노리, 호소카와 다다오키 등 자신을 따르는 장수 대부분이 도쿠가와 이에야스와 함께 교토로 돌아가 미쓰나리를 토벌하자는 결의를 굳힌 '고야마 평정'으로부터 거의 한 달 후의 일이었다.

그 군대에는 사카키바라 야스마사榊原康政, 혼다 다다마사本多忠政(다다카쓰忠勝의 적자), 사카이 이에쓰구酒井家次(다다쓰구忠次의 적자) 등 이른바 '도쿠가와 사천왕'과 그 후계자가 면면을 함께한 외에 지략이 뛰어난 혼다 마사노부와 오쿠보大久保 일족도 합류했다. 즉 최강의 도쿠가와 군단이라고 할 수 있었다.

그들의 앞을 가로막은 것이 시나노·우에다성의 사나다 마사유키였다. 마사유키의 정실은 텔레비전 드라마나 역사 소설에서 기쿠테 하루스에菊亭晴季의 딸로 등장하지만, 아직 다케다가의 가신인 마사유키(당시에는 무토 기효에武藤喜

兵衛라는 이름이었다)에게 상급 귀족의 딸을 시집보냈다고는 생각하기 어렵다. 도토미에 기반을 둔 우다 요리타다宇多頼忠[후일 하시바 히데나가羽柴秀長(도요토미 히데나가의 다른 이름—옮긴이)의 중신이 된다]라는 무사의 딸로 보는 것이 온당할 것이다. 이 요리타다의 딸 중 한 명이 이시다 미쓰나리와 결혼했다. 즉 마사유키와 미쓰나리는 동서지간이었다. 마사유키가 서군에 합류한 이유는 그 때문인지도 모른다.

널리 알려진 바와 같이 우에다성의 방비는 견고해서 대군의 공격을 되받아치며 쉽게 함락되지 않았다. 히데타다는 우에다성의 공략을 포기하고 서쪽을 향해 서둘러 진군했지만, 악천후도 한몫하여 결국 9월 15일의 세키가하라 전투에는 참전하지 못했다. 이에야스는 히데타다를 엄하게 견책하며 한동안 대면을 허락하지 않았다고 한다.

이 책의 서두에 기록한 것처럼 나는 세키가하라 전투를 '상황의 흐름 속에서' 일어난 전투라고 생각한다. 도쿠가와와의 내통이 의심되는 고바야카와 히데아키가 9월 14일에 마쓰오산성에 포진했다. 마쓰오산과 이에야스의 본진이 위치한 아카사가가 손을 잡으면 미쓰나리 등의 오카이성은 고립된다. 그리하여 미쓰나리는 급하게 세키가하라로 진을 옮겼고, 미쓰나리를 추격한 동군과 그곳에서 전투의 서막이 올랐다. 즉 세키가하라에서의 전투는 당초부터 예정된 것이 아니었다. 서군의 최강 부대인 다치바나 무네시게의 군대가 그곳에 없었던 이유도 그 때문일 것이다.

세키가하라 전투는 기나이 진출을 목표로 공격하는 쪽이 동군, 그를 저지하며 수비하는 쪽이 서군이다. 그러므로 싸움은 공격하는 동군의 움직임에 의해 시작된다. 이에야스는 히데타다의 군을 기다리기보다는 당장 전투에 나서는 편이 승리할 확률이 높다고 판단하고 공격을 개시했다. 히데타다의 원군을 기다릴 수 있었는데도 말이다. 그러므로 히데타다군의 부재는 당연히 염두에 두었기 때문에 굳이 화낼 필요는 없지 않은가 하는 생각도 든다.

하지만 질책을 당한 히데타다의 입장에서는 천하를 판가름하는 전투에 참전하지 못했다는 사실은 좀처럼 아물지 않는 마음의 상처가 되었을 것이 자명하다. 그런 히데타다가 영지를 회복하고, 명예를 만회하도록 도운 인물이 다치바나 무네시게와 니와 나가시게였다. 역전의 용사였던 무네시게와 적은 병력으로 북쪽의 영웅인 마에다가에 통격을 가한 나가시게. 그들을 가신으로 후대하며 말벗으로 삼은 히데타다의 심정이 잘 이해되지 않는가? 무인을 통솔하는 장군이면서 군사에서의 공적은 없다. 큰 부담을 지고 있으면서도 히데타다는 성실하게 에도 막부를 '수성'하는 임무를 달성했다.

천하 제패 쇼군들이 사랑한 미망인과 공주

도쿠가와 히데타다와 고는 무척 사이좋은 부부였던 것으로 생각된다. 히데타다는 고의 매력(유감스럽게도 구체적으로 어떤 매력이었는지는 알 수 없다)에 반하여 다른 여성에게는 거의 흥미를 보이지 않았다(예외는 호시나 마사유키의 어머니).

고에게 두 번의 결혼 경력이 있어도, 전남편과의 사이에 자식이 있어도, 여섯 살 연상이어도, 대단한 미인이 아니어도 아무런 문제도 되지 않았다. 히데타다는 전혀 신경 쓰지 않았다.

내가 중고생이었을 때니 40년 전이었을 것이다. 전철 안 광고지에 '처녀성의 고찰'이라는 저속한 글이 쓰여 있었던 것이 기억난다. 지금은 생각할 수도 없는 광경이지만, 역시 우리 같은 속인들은 그런 것에 엄청 신경이 쓰이는 모양이다. 지금까지 몇 사람과 교제했는지, 전에 사귀던 남자친구는 어떤 사람이었는지? 정말이지 쓸데없는 일을 꼬치꼬치 캐물어 애인을 질리게 만드는 남자가 꽤 있다고 한다.

이와는 달리 인성이 바르고 속이 넓은 사람은 그런 일에 연연해하지 않을 듯한 이미지가 있다. 여성이 싫어하는 일은 절대로 하지 않는다. 자신과 다른 남자를 함부로 비교하지 않는다. 아버지의 직업이나 출신 대학 같은 배경보다는

여성의 본질을 중시한다. 히데타다는 그런 남자가 아니었을
까? 물론 이는 학문 연구와는 완전히 다른 단순한 감상에
불과하다.

히데타다의 부친인 이에야스의 취향은 '미망인'인 것으
로 알려져 있다. 셋째인 히데타다와 넷째인 다다요시忠吉의
모친인 사이고노쓰보네西郷局, 그리고 여섯째 다다테루忠輝
와 일곱째 아들의 모친인 자아노쓰보네茶阿局는 자식이 딸
린 미망인이었다. 집안일을 관장했던 재녀 아차노쓰보네阿
茶局(자아와 아차는 다른 사람이다. 헷갈리지 않게 이름을 지었으
면 좋았을 텐데)도 미망인이었다. 게다가 조사해보니 이에야
스뿐만 아니라 사실은 노부나가의 처첩 중에도 미망인이
있다. 적자인 노부타다信忠와 노부가쓰信雄의 모친으로 정실
대우를 받은 이코마씨生駒氏와 일곱째 아들과 여덟째 아들
을 낳은 교운인興雲院도 자식이 딸린 미망인이었다.

또 한 가지 주목해야 할 점은 노부나가, 이에야스의 부인
들은 모두 이렇다 할 명문가 출신이 아니라는 사실이다. 그
녀들에게는 이름만 대면 즉시 알 수 있을 만한 배경이 없었
다. 이름표가 필요 없었다. 그저 노부나가나 이에야스의 눈
에 띄어 사랑을 받은 것이다.

이에 비하면……이라고 말하면, 이미 눈치가 빠른 이는
알아챘을 것이다. 그렇다. 히데요시다. 『다테세신가보伊達世臣
家譜』에는 히데요시의 측실이 16명 등장하는데, 그중 이름

이 명기된 여인은 다음과 같다.

- 요도기미(아자이 나가마사와 오이치노카타의 딸. 오이치노카타
  는 말할 필요도 없이 노부나가의 누이)
- 산노마루도노三の丸殿(오다 노부나가의 딸)
- 히메지도노姫路殿(오다 노부카네織田信包의 딸. 노부카네는 노부
  나가의 남동생으로, 오이치카타는 동복누이. 오이치카타 모녀는
  오타니 낙성 후에 노부카네의 비호를 받았다. 히메지도노는 요
  도기미의 가까운 사촌자매)
- 마쓰노마루도노松の丸殿(오미의 명문, 교고쿠 다카요시京極高吉
  의 딸)
- 산조도노三條殿(도호쿠 지방을 다스린 가모 우지사토의 자매)
- 가가도노加賀殿(호쿠리쿠의 영웅, 마에다 도시이에의 딸)

하나같이 신분이 높은 무가의 여인들이다. 게다가 오다
가의 여인이 3명이나 된다. 이만하면 히데요시가 노부나가
일족을 얼마나 동경했는지 쉽게 알 수 있을 정도다. 과거의
자신은 결코 손에 넣을 수 없었던, 인연이 닿지 않았던 '공
주님'. 그녀들을 옆에 두고 기뻐한 것이다.

음탕하고 성욕이 강한 인물로 그려진 히데요시

"다도, 매사냥, 여인에 지나치게 빠져서는 안 된다. 히데요시를 흉내 내어 이같이 해서는 안 된다茶の湯、膜野の魔、女狂いにすぎ候こと。秀吉まね、こはあるまじきこと"(영사본 『혼간지문서本願寺文書』, 도쿄대학교 사료편찬소 소장). 원문은 '스키코코토すき候こと'인데, 어떤 연구자는 '스키코코토好き候こと'(좋아한다는 뜻―옮긴이)로 읽지만 '스기코코토過ぎ候こと'(지나치다는 뜻―옮긴이)가 맞을 것이다.

1591년 8월, 요도기미가 낳은 쓰루마쓰鶴松가 죽자, 자식을 잃고 실의에 빠진 히데요시는 12월 말에 조카(누이의 아들) 히데쓰구에게 간파쿠직을 물려주고 후계자로 삼았다. 그때 히데쓰구에게 건넨 교훈서의 문언이 이것이다. 다도, 매사냥, 여인과의 놀이가 지나쳐서는 안 된다. 나를 흉내 내서는 안 된다. 자신의 여자관계가 지나치다는 사실을 히데요시도 자각하고 있었던 모양이다.

『일본사』의 집필자이며 선교사인 루이스 프로이스는 히데요시에 대해 다음과 같이 쓰고 있다. "주요 영주의 딸을 양녀로 들여 열두 살이 되면 자신의 정부로 삼았다. 미인이라는 소문이 히데요시의 귀에 들어가면 반드시 끌려갔다." 또한 "아주 음탕하며 성욕에 탐닉했다." 어디까지가 사실인지는 확인할 수 없다. 그러나 분명한 것은 앞서 언급한 히데쓰구에게 보낸 교훈서에서 모처럼 올바른 충고를 하면서도 "다만 저택 내에 5명, 10명의 여인을 두는 것은 괜찮다"고 쓰고 있다. 대체 무슨 짓인지.

앞서 『다테세신가보』에는 히데요시의 측실이 16명 등장하고, 그 이름이 명기된 여인은 요도기미를 비롯해 6명이라고 소개했다. 히데요시의 침실에 든 여인은 수없이 많았고, 그중 측실로 대우받은 여인은 16명이다. 그중에서도 특별히 총애를 받은 여인이 6명이라고 해석해야 할 것이다. 영웅은 미인을 좋아한다더니 정말 할 말이 없다.

거듭 말하지만 히데요시의 취향은 알기 쉽다. 오다가를 정점으로 하는 영주가의 여인들을 매우 좋아했다. 무사와 농민의 계층을 고정하는 정책이 병농 분리인데, 무기 몰수 등을 통해 이 정책을 추진한 것이 히데요시였다. 그와 더불어 명문가의 아가씨를 선호했다. 그러고 보면 히데요시는 단숨에 천하를 제패한 사실을 자랑하기보다는 농민 출신이라는 사실에 강한 콤플렉스를 갖고 있었던 것이 아닌가 하는 생각이 든다.

이야기를 하다가 문득 한 가지 이상한 점을 깨달았다. 일본의 전통적인 아가씨라고 하면, 무가보다는 조정의 문인 귀족 출신을 말할 것이다. 상류 귀족의 딸이야말로 진정한 공주님이다. 그런데 히데요시의 측실에는 그러한 여성이 없다. 귀족의 딸이나 황족 여성을 연모했다는 이야기도 전해지지 않는다. 그 이유는 무엇일까?

세 가지 가능성을 생각할 수 있다. ①우연히 그렇게 되었다. 아니, 그토록 여인을 좋아하는 히데요시다. 이는 생각하기 어렵다. ②히데요시는 조정이나 귀족 같은 전통적인 존재에 깊은 경의를 표했다. 그래서 귀족 여성은 대상 외로 생각했다. 그럴 수도 있다. 하지만 일단 바닥까지 추락한 조정을 절대 전제군주인 히데요시가 배려했을까? '소박하고 조용한' 문화를 계승하는 리큐利休(센노리큐千利休, 센고쿠 시대의 상인이며 다도인―옮긴이)를 부정하고, 현란한 황금 문화를 전개했다는 점에서 히데요시가 전통에 연연했다고는 생각하기 어렵다.

그렇게 되면, ③히데요시가 공주로 인정한 것은 어디까지나 무가의 딸이다. 권력도 부도 잃어버린 조정의 공주님에게는 흥미를 느끼지 않았다. 이것이 정답이라는 생각이 든다. 히데요시는 간파쿠가 되어 조정에서 자리를 차지했다. 그러나 진심으로 조정을 존경하지는 않았다. 히데요시의 여자관계에서 힌트를 얻어 그렇게 해석해본다.

제 8 장

성과 운명을 함께

여인들의 센고쿠 시대 1

센고쿠 시대에는 여인들도 목숨을 걸었다

센고쿠 시대에 싸웠던 것은 남성뿐만이 아니다. 여성들에게도 목숨을 건 나날들이었다. 영주의 딸들은 시가와 친정의 우호를 유지하기 위한 외교관으로서, 성주인 남편을 보좌하는 행정관으로서 일했다. 남편이 무운이 나빠 성의 함락과 동시에 전사하는 상황이 되면 함께 자결하는 길을 선택하는 여성도 많았다. 이전에 아미노 요시히코網野善彦(일본의 역사학자―옮긴이)는 여성은 전투와 '무관'한 존재였다며 가혹한 운명을 면한 것처럼 말했지만, 그렇지 않은 사례는 셀 수 없이 많다.

여성주로 유명한 여성으로 앞서도 언급한 다치바나 긴치요가 있다. 그녀의 아버지는 다치바나(벳키) 도세쓰다. 크리

스천 영주인 오토모 소린의 중신이다. 하카타의 수비, 다치바나산성의 성주였던 도세쓰는 아마 양자(남동생의 아들)인 벳키 시게쓰라에게 다치바나산성을 맡기고 싶지 않았던 모양이다. 그래서 외동딸인 긴치요에게 물려주었다. 그리고 그녀의 남편으로 맞은 것이 희대의 용장인 다치바나 무네시게다. 이 이야기는 앞서 소개했다.

한때는 규슈의 과반을 석권한 오토모 소린이었지만, 만년에는 시마즈가의 격렬한 공격을 막기에 급급했다. 1586년 4월 5일, 오사카를 향한 소린은 히데요시의 가신이 되어 시마즈가의 토벌을 청했다. 히데요시는 그 청을 수락하고 규슈에 대군을 보낼 계획에 착수했다.

다만 천하를 지배하던 히데요시는 몹시 바빴기 때문에 빨리 움직일 수 없었다. 시마즈가는 그 틈에 오토모가를 멸하고, 규슈 통일을 기정사실화하려고 획책했다. 같은 해 7월, 시마즈군이 지쿠젠을 습격했는데, 과연 다치바나 무네시게였다. 그는 다치바나산성을 굳게 지키며 시마즈군을 막았다. 그곳에 히데요시의 명을 받은 모리군이 오면서 시마즈군은 철수했다.

그러나 시마즈가는 단념하지 않았다. 다음에는 휴가 방면에서 분고로 침공하여 오토모의 본거지를 직접 공격해왔다. 이때 벳키 시게쓰라는 시마즈와 내통하여 죽음을 당했다고 한다. 이 사건은 도세쓰와 시게쓰라의 원만하지 않

겐페이 합전을 그린 그림.

은 '양부, 양자' 관계와 관련이 있어 보인다. 다만 시게쓰라
의 죽음을 둘러싼 다른 해석도 있는 듯하며, 자세한 내막
은 확실하지 않다.

여하튼 이후 시게쓰라의 아내(오토모의 중신, 시가가의 딸
이라고 한다)의 행동이 놀랍다. 아들인 무네쓰네統常에게 목
숨을 걸고 싸워 적과 내통했다는 부친의 불명예를 씻으라
고 엄하게 명했다. 게다가 무네쓰네에게 방해가 되지 않도
록 어린 남동생들을 찔러 죽이고 자결했다고 한다. 그녀의
행동은 현대의 기준으로는 결코 칭찬할 만한 것이 아니다.
당시로서도 그러한 각오는 놀랄 만한 것이었으리라. 무네쓰
게는 어머니의 명령대로 시마즈군과 과감하게 싸워 전장의
이슬로 사라졌다.

북상하는 시마즈의 대군은 오토모령을 차례로 침식해
갔다. 12월 초순에는 오토모의 도시미쓰 소교利光宗魚가 지
키는 쓰루가성(오이타시 가미벳키아자도시미쓰)이 포위되었다.
소교는 필사적으로 방어하여 시마즈군에 피해를 입혔지만
운 나쁘게 유탄에 맞아 전사하고, 쓰루가성은 함락의 위기
에 처했다.

쓰루가성이 함락되면 다음은 바로 오토모가의 본거지인
후나이(오이타시)였다. 여기에서 활약한 인물이 소교의 아내
였던 것으로 전해진다. 죽은 남편을 대신해서 군사를 지휘
하고, 격렬한 공격을 막아냈다. 그녀는 다치바나 도세쓰의

누이라고 하니 이 일족의 여성은 모두 '남자 따위에게는 지지 않겠다!'는 기개를 갖고 있었을지도 모른다.

여성주들의 싸움

겐페이 전투源平合戰에서는 '일대일 대결'을 했다. 한쪽이 가슴을 두드리며 나서면, 다른 쪽에서 자신과 대등한 상대로 인정하며 나서 검을 겨루었다. 여러 번 검을 나누다가 이번에는 힘을 겨루었다. 그 동안 적군과 아군은 공격에 가담하지 않는 것이 원칙이다.

집단 전술이 기본인 센고쿠 시대의 전투에서 이런 대결을 하면 잡병은 순식간에 먹이가 되어버린다. 헛되이 목숨을 잃을 수밖에 없다. 전장에서는 모두가 필사적으로 목숨을 걸고 싸운다. 겐페이 전투에서와 같은 여유로운 '일대일 대결'은 끼어들 여지가 없다.

필사적인 것은 남자나 여자나 매한가지다. 특히 성이 함락되면 책임 있는 입장의 여성에게는 자결의 운명이 기다리고 있다. 그러니 여성도 그저 울고만 있을 수는 없다. 평소 가신들에게 존경받는 성주 부인이 각오를 다지면, 거친 남자들에게 지시를 내리고 군사도 지휘하게 되는 것이다.

앞서 언급한 시마즈의 오토모 공격에서는 쓰루가성에서 도시미쓰 소교 부인이 분전했다. 이름이 비슷한 쓰루사키성(오이타시 미나미쓰루사키)에서도 여성이 대활약을 펼쳤다. 이 성은 오토모가의 중신인 요시오카 나가마스吉岡長増가 축성했는데, 나가마스의 아들인 아키오키鑑興는 이미 전사하고, 당시의 성주는 아키오키의 아들인 무네마스統増였다. 그런데 그는 주군인 오토모 소린과 함께 우스키성에서 농성전을 벌이고 있었기 때문에 쓰루사키성의 군사 지휘권은 아키오키의 미망인인 묘린니妙林尼에게 맡겨졌다.

묘린니는 함정을 파거나 총포를 사용해서 노무라 후미쓰나野村文綱 등 3000명의 시마즈군을 농락했다. 성을 쉽게 공격할 수 있으리라 얕잡아 보았던 노무라 등은 곤혹스러워하며 화해를 제의했다. 그녀는 아군의 구명을 조건으로 화해를 받아들여 시마즈군을 극진히 대접했다. 그러던 중 마침내 히데요시의 대군이 움직이기 시작했다는 통지가 도착하고, 시마즈 전군에 철수 명령이 떨어졌다. 관계가 완전히 좋아졌다고 생각한 노무라 등은 물러갔다. 그러자 묘린니는 배후에서 그들을 뒤쫓았고, 방심하던 시마즈군은 허둥지둥 패주했다.

장소를 바꿔서 미노노쿠니 동부. 이곳에도 적군과 과감하게 맞선 여성주가 있었다. 그녀의 이름은 오쓰야노카타. 오다 노부사다織田信定의 딸이며 노부히데信秀의 누이다. 즉 노부나가의 숙모에 해당한다. 그녀의 남편은 이와무라성(기후현 에나시 이와무라정)을 다스리는 도야마 가게토遠山景

任로, 1572년에 자식이 없는 채 병사했다. 오쓰야노카타는 노부나가의 다섯째 아들을 양자로 들여 실질적인 성주로서 성을 관리했다.

그런데 같은 해 가을에 다케다 신겐이 대군을 모아 세조 西上 작전을 개시했다. 다케다군은 도쿠가와령을 유린하고 히가시미노까지 침공했다. 그러한 움직임 속에서 오쓰야노카타는 성 군사의 보호를 조건으로 다케다군에게 항복했다. 다케다가에서는 중신인 아키야마 도라시게秋山虎繁(노부토모信友로 알려졌지만, 도라시게가 올바르다)를 성주로 보내어 오다가와의 싸움 최전선에 세웠다. 오쓰야노카타는 도라시게와 결혼했는데, 이 소식을 들은 노부나가는 격노했다. 오쓰야노카타 역시 할 말은 많았을 것으로 생각한다.

1575년, 나가후지 전투長藤の戦い에서 다케다군을 물리친 노부나가는 계속해서 이와무라성의 탈환에 나섰다. 노부나가의 적자인 노부타다가 이끄는 대군의 공격을 받은 도라시게는 자신의 목숨과 교환하여 군사들의 구명을 청하고, 이는 받아들여졌다. 그러나 숙모의 배신을 용서할 수 없었던 노부나가는 약속을 무효화하고, 도라시게와 오쓰야노카타는 나무 기둥에 묶여 무참히 처형되었다. 성의 군사들도 성 안 구석에 가둬놓고 죽였다고 한다.

노부나가가 사랑한 남자들

유교에는 '남녀칠세부동석'이라는 가르침이 있지만, 그런 엄격한 예절을 강요한 것은 에도 시대의 무가사회뿐이다. 다른 시대, 나아가 상인이나 농민은 대범하게 성을 즐겼던 것으로 보인다. 대체로 일본에는 남자의 출입을 금하는 후궁제도가 없지 않은가? 그것이 존재했던 것은 에도성뿐이다. 우아한 조정에서는 예부터 그런 어리석은 이야기는 꺼내지도 않았다.

그러므로 문신사회에서는 형제지만 사실은 아버지가 다르다거나 저 높은 ○○님의 사생아라거나 하는 등의 비밀이 많았을 것이다. '스토쿠 천황崇德天皇은 시라카와 상황白河上皇의 자식'이라거나 '다이라노 기요모리도 시라카와 상황의 자식'이라는 등 연구자는 진지한 얼굴로 논의하지만, 그런 것을 파헤치기 시작하면 끝이 없다. 제대로 된 연구로 성립시키려면 공부가 조금 더 필요하다.

대범한 것으로 치면 일본의 신불神佛일 것이다. 그 특징은 여러 곳에서 찾아볼 수 있는데, 성과 관련해서도 그렇다. 동성애는 안 된다며 거부하지 않는다. 그래서 귀족사회에서나 무가사회에서나 남색은 일반적이었다. 박학다식했던 헤이안 말기의 대신인 후지와라노 요리나가藤原頼長는 일기인 『다이키台記』에 자신의 남색 편력을 상세히 기록했다.

동성애가 가장 흔했던 곳은 누가 뭐라 해도 불교계다. 천태종, 진언종의 전통 사원에서는 귀여운 소년이 오늘날의 아이돌이나 다름없었다. 소년을 둘러싸고 거친 승병들이 큰 싸움을 벌이기도 했다. 저절로 웃음이 나오는 풍경이다. 욕망에 충실했던 당시의 승려들이 여인을 금지하는 계율을 지켜낼 수 있었던 것은 전적으로 소년 아이돌 덕분이 아니겠는가. 학승으로 유명한 분(도다이지東大寺의 소쇼宗性라는 사람)이 소년 100명을 죽인 소행을 알았을 때는 솔직히 질려버렸다.

센고쿠 시대는 남색이 특히 번성한 시대였다. 남자다운 기개가 중시되고, 전장에는 여성을 데리고 갈 수 없었기 때문이다. 일반적으로 센고쿠 무장의 옆에서 시중을 들던 소년이 그 상대였을 것이다. 오다 노부나가가 바로 그런 경우다. 다만 '과연 노부나가'라고 감탄하게 하는 것은 상대를 선택할 때에 용모뿐만 아니라 '능력'을 중시했다는 점이다. '유능한 놈'이 노부나가의 취향이랄까. 그래서 '노부나가가 사랑한 남자들'에는 마에다 도시이에, 하세가와 히데카즈長谷川秀一, 호리 히데마사堀秀政 등 쟁쟁한 멤버가 이름을 올리고 있다.

또 한 가지 '과연 노부나가'라고 감탄할 만한 점은 그가 '사랑한 남자들'을 다루는 방식이다. 아무리 좋아해도 특별대우는 전혀 하지 않았다. 구체적으로 말하자면 끊임없이 위험한 전장으로 내보내는 것이다. 그래서 뜻하지 않은 죽음을 맞은 인물이 만미 센치요萬見仙千代(시게모토重元)다. 용모가 단정하고 글솜씨가 뛰어나 노부나가의 총애를 독점한 센치요는 장래 출세가도를 달릴 것으로 모두가 생각했다. 그런데 노부나가는 센치요조차 최전선에 세웠다. 그래서 센치요는 아라키 무라시게荒木村重가 아리오카성을 공격했을 때, 어이없이 전사했다. 그의 후임으로 들어선 사람이 바로 모리 란마루森蘭丸다.

센고쿠 무장의 BL

오다 노부나가에게는 총애하는 소년(청년)이 있었다. 다른 영주들에게도 유명한 상대가 있었던 것 같다. 예를 들면 다케다 신겐이다. 그가 가스가 겐스케春日源助(후일의 가스가 도라쓰나春日虎綱), 세상에서 말하는 다카사카 마사노부高坂昌信에게 보낸 러브레터는 내가 근무하는 사료편찬소에 남아 있다. 그리고 다테 마사무네. 그의 중신으로 유명한 인물은 가타쿠라 고주로 가게쓰나片倉小十郎景綱인데, 가게쓰나의 적자인 가게나가景長는 마사무네의 남색 상대였다고 한다. 고바야카와 히데아키도 가게나가를 흠모하여 쫓아다녔다고 하니 꽤 멋진 남자였던 모양이다.

한편 노부나가의 천하 통일 사업을 이은 도요토미 히데

요시는 여성은 매우 좋아했지만 남성에게는 전혀 흥미를 보이지 않았다. 그토록 여성을 좋아하는 전하이니, 분명 미소년도 싫어하지 않을 것이다. 그렇게 생각한 측근들이 장난삼아 한방에 히데요시와 미소년 단둘만 있게 했다. 어떻게 될지 몰래 지켜보고 있자 히데요시가 소년에게 다가가 어깨를 안으며 귓가에 속삭였다. 측근들은 흥분하며 계속 두 사람을 주시했는데, 히데요시는 예상과 달리 소년에게서 떨어져 방을 나갔다.

어라, 이상하네. 측근들은 소년에게 달려가 무슨 일인지 물었다. 전하가 네게 무슨 말을 했느냐? 분명 너를 유혹했을 테지? 아니요, 아니요. 그렇지 않아요. 전하는 제게 한 가지만 물어보셨어요. 그래, 무엇을 물어보셨느냐? 제게 누나나 여동생은 없는지 물어보셨습니다.

히데요시를 이어 천하를 지배한 이에야스와 관련해서도 남색 이야기는 별로 남아 있지 않다. 다만 한 명을 제외하고는. 그 단 한 명이 이이 나오마사井伊直政다. 말하지 않아도 유명한 도쿠가와 사천왕의 한 명으로, 최강의 무력 투쟁파다. 이에야스가 도카이에서 간토로 옮겨 에도에 본거지를 두었을 때에는 가신들 중에서 가장 많은 12만 석을 받고, 우에노의 미노와성을 거성으로 삼았다(후일 다카사키성을 축성했다). 세키가하라 전투에서는 선두에 서서(엄밀하게는 선두로 달려나와) 시마즈군과 싸우는 등 무공을 세워 이시다 미쓰나리의 오미·사와야마 18만 석을 하사받았다.

이이 나오마사라고 하면 떠오르는 것이 '이이의 군대'다. 다케다가의 야마가타 마사카게山縣昌景의 부대를 따라 빨강 일색의 갑옷을 갖춰 입은 이이군은 강하기로 유명한 도쿠가와가에서도 최정예로서 알려져 있었다. 나오마사는 '전하(이에야스)의 총애를 받아 출세했다'는 말을 듣는 것이 몹시 싫었던 듯 군대의 지휘는 가신인 기마타 모리카쓰木俣守勝에게 맡기고 자신은 군사들의 선두에 서서 적과 맞서 싸웠다. 그래서 같은 사천왕인 혼다 다다카쓰가 '상처 하나 입지 않은' 것으로 유명했던 것과는 정반대로 온몸이 상처투성이였다.

이이가는 '미카와 이래의 유서 깊은 명문 가신'으로 취급받았는데, 이야말로 이에야스의 총애 덕분이었다. 이이가는 도토미·이이노야(하마마쓰시 기타구 이나사정)의 영주로, 도쿠가와가를 섬긴 것은 만치요萬千代라 불린 이이가 처음이다. 이에야스는 그 당시 하마마쓰를 거점으로 다케다가와 싸우고 있었는데, 이이가는 이마가와가에 종속되어 있었다. 이마가와가와의 관계를 끊고, 만치요를 양육하여 그를 이에야스에게 소개한 것은 나오토라直虎라는 인물이다. 이 나오토라라는 이름을 보면 남성 같지만 사실은 여성이다. 규모는 작았지만 이이노야성의 여성주였다.

이이가의 여주인, 나오토라

도쿠가와 가신들은 미카와와 대대로 이어진 가문들이다. 어린 이에야스가 오다·이마가와의 인질로 잡혀 있는 동안 가혹한 상황을 견디면서 그들은 주인이 없는 오카자키성을 지켜냈다. 또한 전장에서는 막강한 무력을 자랑했다. 풍요로웠던 오와리 영지의 군병 3명이 달려들어도 미카와의 군병 1명을 당해낼 수 없을 정도였다고 전해진다. 그들은 분명 이에야스의 재산이었다.

그런 도쿠가와 가신들 중에서도 눈에 띄는 존재가 바로 이이다. 그는 조상 대대로 '도쿠가와', 즉 '마쓰다이라'가를 섬겨 온 무장이 아니다. 본인의 능력으로 이에야스의 신뢰와 높은 평가를 얻어냈다. '이이의 군대'는 무공으로도 유명했지만 세키가하라 전투가 끝난 후에는 외교관으로서도 활약하여 모리, 시마즈, 조소카베가와의 교섭에서 뛰어난 면모를 드러냈다.

도토미·이이노야의 영주인 이이의 이름이 가장 먼저 등장한 것은 남북조 시대. 이이 나오마사가 고다이고後醍醐 천황의 황자인 무네요시宗良 친왕을 이이노야성에서 보호했다. 무네요시 친왕의 자식인 유키요시尹良 황자는 이이노야성에서 태어났다고 한다. 센고쿠 시대에 이이가는 이마가와가 밑에 있었는데, 일족에게는 하나둘씩 재앙이 닥쳤다.

먼저 이이 나오무네井伊直宗가 이마가와 요시모토의 싸움에 따라나섰다가 전사했다. 그 남동생인 나오미쓰는 요시모토의 명령에 의해 죽임을 당하고, 나오무네의 아들인 나오모리直盛는 오케하자마 전투桶狭間の戦い에서 요시모토와 운명을 함께했다. 또한 나오미쓰의 아들인 나오치카直親는 요시모토의 아들인 우지자네氏眞의 명으로 죽임을 당했다. 1563년 나오무네의 부친인 나오히라直平는 늙은 몸을 이끌고 이마가와가의 명에 따라 출전했다가 전사했다. 히쿠마성 (후일 하마마쓰성)의 이노오 쓰라다쓰飯尾連龍의 아내인 다쓰노카타田鶴の方가 독살했다고 한다. 여담이지만 이 다쓰노카타는 쓰라다쓰가 죽은 후에 성주로서 이에야스와 싸워 성과 운명을 함께했다고 전해진다. 여기에도 여성주가 있었다.

남자들의 횡사가 이어진 이이가는 1565년에 나오모리의 외동딸로 미혼인 지로次郎 법사를 나오토라라는 이름으로 개명하고 가문을 상속시켰다. 지로 법사는 나오모리의 사촌동생으로 나오치카의 아내가 될 예정이었지만, 나오치카의 부친인 나오미쓰에게 자결하라는 명이 내려졌을 때, 신변의 위험을 느낀 나오치카가 영지 바깥으로 도망쳤기 때문에 혼인이 실현되지 않았다. 나오치카는 이윽고 이이노야에 돌아오지만, 지로 법사와는 다른 여성과 연을 맺었고 1561년에는 도라마쓰虎松가 태어났다.

나오토라가 주군이 된 후에도 이이가의 고난은 여전히

계속되었다. 1568년에 이이노야성을 오노 미치요시小野道好라는 자에게 빼앗겨버렸다. 미치요시와 그의 아버지인 미치타카道高는 이마가와가의 간자로서 이이노야를 계속 감시하며, 이마가와가에 의한 나오미쓰와 나오치카의 죽음에 깊이 관여했다. 말하자면, 이이가의 불구대천의 원수였다. 성을 빼앗기고 나서 2년 후에 나오토라는 미카와의 도쿠가와 이에야스와 친교를 맺고, 그 힘을 빌려 마침내 미치요시를 치는 데 성공했다. 하지만 원수를 갚고 마음을 놓자마자 1572년에 다케다 신겐의 만년의 세조 작전이 시작되었다. 강력한 다케다의 대군을 당해내지 못한 나오토라는 이이노야성을 내주고 마쓰토라와 함께 도망쳤다.

1575년에 도쿠가와 이에야스의 시동으로 부름을 받은 마쓰토라는 이름을 만치요로 바꾸고 이이노야를 하사받았다. 나오토라는 이이가의 존속을 지켜본 후에 출가하여 유친니祐圓尼로서 여생을 보내다가 7년 후에 세상을 떠났다. 만치요는 이를 기회로 성인식을 치렀는데, 그가 바로 이이 나오마사다.

센고쿠 시대에 살아남은 여성 나오토라를 그린 본격 역사소설인 다카도노 마도카高殿円의 『검과 연지劍と紅』가 2012년에 발표되었다. 재미있으니 읽어보기를 추천한다.

아키타 미인의 DNA

주제는 센고쿠 시대의 여성이지만, 만화에 관한 이야기부터 시작하려 한다.

나는 만화를 아주 좋아해서 역사적인 소재를 다룬 만화도 많이 읽는다. 그 가운데 아주 사소한 역사적 사건이 놀랄 만한 걸작으로 탈바꿈한 것을 보고 경악한 적이 있다. 그것은 『기생수寄生獸』 『히스토리에ヒストリエ』 등의 작품으로 수많은 상을 받은 이와아키 히토시岩明均의 『눈의 고개·검의 춤雪の峠·劍の舞』이다.

이중 『눈의 고개』의 무대는 에도 시대 초기의 아키타다. 세키가하라에서 동서 양군 어느 쪽에도 속하지 않고 거처가 불분명했던 히타치 54만 석의 사타케 요시노부는 전후 시간이 흐른 후에 아키타 20만 석으로 좌천되었다. 요시노부와 신흥 측근인 시부에 마사미쓰澁江政光는 구보타에 거성을 축성하기를 제안하지만, 아직 옛 영지인 히타치를 그리워한 노신 가와이 다다토오川井忠遠 등은 이에 강하게 반대했다. 유명한 무사나 영웅호걸·검객을 만화로 그리는 경우는 많지만, 이 작품에는 대중의 시선을 끌 만한 인물은 전혀 등장하지 않는다. 제목인 『눈의 고개』와 깊은 관련이 있는 우에스기 겐신을 잠깐 언급하는 정도다. 아무튼 특이한 작품이다.

작중에서 주인공인 시부에 마사미쓰의 경쟁자로 등장하는 인물은 군략가로서 가문의 존경을 받는 가지와라 마사카게梶原政景다. 젊은 시절에 우에스기 겐신에게 재능을 인정받은 마사카게는 사타케가의 사람들에게 겐신에 관한 일화를 들려주기도 한다. 그는 무사시·이와쓰키의 성주인 오타 스케마사太田資正(산라쿠사이三樂齋)의 차남으로, 가지와라가(고가쿠보古河公方가의 중신)의 양자였다.

스케마사는 성에서도 알 수 있듯이 오타 도칸太田道灌의 자손이다. 무사시에 세력 기반을 두고, 처음에는 오기야扇谷·우에스기가를 섬겼지만, 우에스기가가 멸문한 후에는 독립하여 호조가와 싸웠다. 야마우치山內·우에스기가를 이은 겐신과는 느슨한 주종관계로 묶여 있었다. 누가 썼는지는 잊었지만, "이에야스가 다케다가를 단단히 방비하고 있었기 때문에 노부나가는 교토 방면에서 활약할 수 있었다. 산라쿠사이가 호조가를 억누르는 데 그 책임을 다했다면 겐신도 더욱 날아오를 수 있었을 것이다"라는 글을 읽은 기억이 있다. 무슨 말을 하고 싶은지는 알겠지만, 이에야스와의 비교는 적절하지 않은 것 같다. 스케마사에게는 가혹한 평가가 아닌가.

다케다 신겐의 스루가 침공으로 인해 '가이·사가미·스루가' 삼국 동맹이 깨지자 신겐과의 전쟁에 합의한 우에스기 겐신과 호조 우지야스는 1569년에 '에쓰고·사가미' 동맹을 맺었다. 오타 스케마사는 이에 반발하여 겐신과 불화를 일으켰다. 이때 겐신은 중신인 야마요시 도모요리山吉豊守에게 명하여 미토 가게미치三戸景道의 아내에게 편지를 쓰게 했다. 가게미치는 스케마사와 마찬가지로 겐신에게 느슨하게 종속되었던 무장인데, 그의 아내는 스케마사의 여동생이었다.

"그대의 힘으로 스케마사가 이전처럼 충성하도록 설득해주기 바란다. 부디 그대에게 부탁한다." 겐신은 야마요시를 통해 가게미치의 아내에게 간절히 청했다. 그녀의 이름은 '도시야우としゃう'지만, 어떤 한자를 쓰는지는 모른다. 아무튼 그녀는 기대에 부응하여 행동한 듯 이후 겐신과 스케마사의 관계는 회복되었다.

센고쿠 시대에 여성의 정치적인 역할은 좀처럼 겉으로 드러나지 않았다. 이는 문서로 증명할 수 있는 얼마 안 되는 사례다.

마지막으로 여담 하나만 더 한다면, 사타케 요시노부는 영지를 교환하면서 히타치 전체에서 미녀들을 전부 모아 아키타로 데려갔다고 한다. 그녀들의 DNA는 아키타의 풍토에 뿌리를 내렸고, 그것이 '아키타 미인'의 기원이 되었다. 글쎄, 어디까지나 전설일 뿐이다.

제 9 장

위기일발의 도주

여인들의 센고쿠 시대2

목이 떨어진 피바다 속에 누웠던 센고쿠의 여인들

'센고쿠 시대에는 여인들도 목숨을 걸었다'는 주제로 여성주에 관한 이야기를 해왔다. 하지만 뭔가 부족한 느낌이다. 그렇게 말하자, 담당 편집인 M이 매우 괜찮은 조언을 해주었다. "혼고 씨, 일반 무사의 아내나 딸은 싸움터에서 어떻게 지냈나요? 성주가 된 여성보다 신분이 낮은 '보통' 여성들. 그녀들에게도 흥미가 있습니다만." 그렇다, 그것이다!

성안에서 싸울 때, 그곳에는 많은 여성과 아이가 있었다. 전화 속에서 그들이 어떻게 살았는지 알기는 쉽지 않다. 그러나 적기는 하지만 그 경험을 이야기해주는 사람도 있다. 야마다 교레키山田去曆라는 무사의 딸인 '오아무おあむ'다. 80세의 그녀는 옛날이야기를 해달라 조르는 아이들에게 젊은 시절의 이야기를 시작했다. 듣고 있던 소년 중 한 명이 이를 글로 남겼다. 이것이 『오아무 이야기おあむ物語』로, 전장 속 여인들의 모습을 짧지만 생생하게 전해준다.

1600년 9월 15일, 미노·오가키성에서 전진한 이시다 미쓰나리가 이끄는 서군과 도쿠가와 이에야스가 지휘하는 동군은 세키가하라에서 격돌했다. 그와 동시에, 서군의 본진인 오가키성에서도 공방전이 시작되었다. 성을 지키는 것은 이시다 미쓰나리의 사위(매부라고도 한다)인 후쿠하라 나가타카福原長堯(나오타카直高라고도 한다)가 이끄는 7500명이었다. 공격하는 동군은 미즈노 가쓰나리水野勝成, 호리오 다다우지堀尾忠氏, 니시오 미쓰노리西尾光敎 등 1만5000명이었다. 야마다 교레키는 이시다 미쓰나리를 섬기며 300석을 받은 무사로, 당시 오가키성에 배속되어 있었다. 그리고 그의 아내와 딸인 오아무도 성안에 있었다.

세키가하라에서 서군이 패하면 오가키성에서도 패색이 짙어진다. 이시비야石火矢(대포)가 성안으로 쏟아졌다. '망루도 흔들리고, 땅도 갈라지는' 듯하여 오아무는 살아 있어도 산 것 같지가 않았다. 그래도 그녀는 어머니와 '이시다가의 부인들과 딸들'과 함께 누각에 모여 총알을 장전했다.

누각에는 아군의 무사가 가져온 죽은 사람들의 목이 쌓여 있었다. 여인들은 죽은 사람들의 목이 산 사람처럼 보이도록 검게 칠했다. 화장을 한 것이다. '목이 무서운 것인가.

아니다. 그 목들의 피바다 속에 누워도 아무렇지 않다.' 처참한 전쟁은 얼마나 인간의 감각을 마비시켜버리는가.

여기에서 이해하기 어려운 점은 '이시다가의 부인들과 딸들'이 왜 오가키성에 있었느냐는 것이다. 본래 전장에는 여성을 동반하지 않을 것이다. 미쓰나리는 오가키에 장기간 체재할 것을 예상하여 가내의 여성들을 동원하여 서군의 군사를 돌보려 한 것일까? 만약 그렇다면, 여성이 후방 지원의 역할을 했다는 뜻이다. 분명 '센고쿠 시대에는 남자와 여자 모두가 싸운' 것이다.

다만 이는 오가키성의 이야기가 아닌 것은 아닐까? 오아무 혹은 이야기의 필자가 혼동 또는 착각한 것은 아닌지 의심할 수 있다. 왜냐하면 이야기에는 공격군의 대장으로 다나카 요시마사田中吉政(미카와·오카자키 10만 석)가 등장하는데, 그가 참가한 싸움은 오가키성이 아니라 미쓰나리의 거성인 사와산성으로 다른 사료에 분명히 기록되어 있기 때문이다. 만약 이야기의 무대가 사와산성이라면, '이시다가의 부인들과 딸들'이 그곳에 있는 것은 당연하다.

어느 쪽이 올바른지는 확실하지 않다. 그러나 어느 쪽이건 전쟁터가 '살아 있는 지옥'이었다는 사실에는 틀림이 없는 것 같다.

「오아무 이야기」의 무대는 어디인가

"내 친부는 야마다 교레키라고 하는데, 이시다 지부쇼유 石田治部少輔(미쓰나리) 전하를 섬겼지. 오미의 히코네에 살았는데"라며 오아무는 이야기를 시작한다. 그러나 이는 틀린 이야기다. 역사를 좋아하는 사람이라면 곧바로 알아챌 것이다. 이시다 미쓰나리가 대대적으로 보수하여 '미쓰나리라는 이름에 걸맞게' 건설한 성은 히코네성이 아니라 사와산성이다.

세키가하라 전투 후에 이이 나오마사는 사와야마 18만 석에 봉해졌는데, 이는 우에노·다카사키 12만 석에서 6만 석이 늘어난 것이었다. 교토에 대한 방비로서, 또한 "히데요시에게 가장 가까운 신하는 미쓰나리였지만, 내게 미쓰나리는 나오마사, 바로 너"라고 한 이에야스의 신뢰에 대한 증거로서 이에야스는 사와산성을 선택했을 것이다. 나오마사는 사와산성을 대신하여 다른 성을 건설할 계획이었지만, 이루지 못하고 죽었다. 나오마사의 유지를 이어 이이가가 축성한 것이 사와산에서 2킬로미터 정도 서쪽에 위치한 히코네의 성과 마을이었다.

이시다가가 멸문한 후, 오아무는 오미를 떠났다. 그러므로 히코네와는 아무런 인연이 없다. 그런데도 히코네라 하며 사와산은 언급하지 않는다. 뭔가 이상하고 위화감이 느껴진다. 갑자기 어떤 생각이 떠올랐다. '사와산'은 오아무에게, 말하자면 '기피하는 단어'가 아닐까? 오아무는 사와산이라는 이름을 입 밖으로 꺼내고 싶지 않았던 것은 아닐까?

세키가하라에서의 전투는 1600년 9월 15일이었고, 그 후 곧바로 서군을 물리친 이에야스는 주인이 사라진 사와산성을 맹공격했다. 소수의 수비병은 용감하게 응전했지만 어차피 수적으로 밀릴 수밖에 없었다. 같은 달 18일, 그토록 견고했던 성은 함락되었고, 미쓰나리의 아내, 부친과 형 그리고 많은 무사가 성과 운명을 함께했다. 한편 오아무의 부친인 야마다 교레키는 살아남는 길을 선택했다. 300석의 녹을 받는 무사였다고 하니 계급도 꽤 높았을 것이다. 그런데 동료와 부하들은 전하(미쓰나리)와 성에 목숨을 바쳤는데 자기 집안은 살아남았다. 그 사실이 무사인 야마다가 모두에게는 일종의 회한으로 남았다. 그래서 오아무는 사와산이라는 이름을 기피했다. 그렇게 생각할 수 있지 않을까?

『오아무 이야기』의 무대는 그녀의 말처럼 오가키성인가? 아니면 오가키라기에는 부자연스러운 점(오가키성에 이시다가의 여인들이 있었다는 점, 역사적 사실에 따르면 사와야마를 공격한 다나카 요시마사군이 들이닥치고 있었다는 점 등)이 있으므로 사실은 사와산성이었다고 봐야 할 것인가? 사와산에 대한 오아무의 복잡한 심경을 생각하면 후자가 맞을지도 모르겠다.

성의 함락을 피할 수 없게 된 긴박한 상황에서 적군보다 화살에 묶인 편지가 먼저 도착했다. 교레키는 '이에야스님은 배움의 스승'이므로 살고 보자, 달아나야겠다고 생각했다. '배움의 스승'이 구체적으로 무슨 뜻인지는 모르겠다. 어쨌거나 교레키 일가는 성을 빠져나가기로 했다. 북쪽 망루의 해자 옆에 사다리를 걸치고, 낚싯줄을 내려 대야를 타고 해자를 건넜다. 적군에게는 연락이 닿아 있었는지 공격해 오지 않았다. 일가는 무사히 성 밖으로 빠져나갔다.

이후 교레키는 도사로 가서 도사의 태수인 야마우치 가쓰토요山內一豊를 섬겼다. 자유민권운동의 선두주자인 릿시샤立志社(고치현의 정치단체─옮긴이)의 2대 사장인 야마다 헤자에몬山田平左衛門이 그 자손이라고 한다. 헤자에몬은 본래 도사번의 기마 무사로, 580석의 녹을 받았다고 하니 당당한 상급무사다. 아마도 교레키는 후한 대접을 받았던 모양이다. 아울러 오아무도 도사의 상급무사인 아메노모리 우지유키雨森氏行(아메노모리가는 오미·아자이가의 선대의 가신)와 결혼하여 장수를 누렸다.

오아무를 잇는 센고쿠 시대 여성 이야기꾼

오아무가 있었던 곳은 오가키성? 아니면 사와산성? 잘 모르겠다는 친구의 지적을 받고 다시 한 번 정리한다.

자신은 오가키성에 있었다고 오아무는 증언하고 있다. 그러나 다나카 요시마사의 군이 들이닥쳤다고도 말한다. 이 점이 모순된다. 요시마사는 세키가하라에서 싸운 후 사와산성을 공격했다. 오가키성의 공격에는 참전하지 않았다.

그래서 나는 생각해보았다. 오아무는 거짓말을 했으며 실제로는 사와산성에 있었던 것이 아닐까? 오아무의 부친인 야마다 교레키는 이시다가의 무사였다. 당시의 무사는 성의 함락과 함께 죽음을 맞는 것이 당연했다. 하지만 교레키는 이에야스와의 인연을 내세워 도망쳤다. 오아무는 그러한 부친의 행동이 부끄러워 '사와산성'을 언급하지 않은 것이 아닐까?

오아무의 증언이 사실이며 그녀가 오가키성에 있었다고 가정하자. 그러면 이시다 미쓰나리는 서군의 일대 거점이었던 그곳에 가문의 여성들을 데리고 왔다는 뜻이다.

매우 중요한 전장에 많은 여성을 데리고 왔다. 이런 예는 없었다. 오다와라성을 포위한 도요토미 히데요시가 요도기미나 마쓰노마루松の丸를 불러들였던 것과는 사정이 다르다. 이는 대단히 흥미로운 사실이 될 수도 있다. 모두 크게 주목하고 있지 않으므로, '여성도 함께 싸웠다'는 점을 강조하는 절호의 사료가 될 것이다!

하지만 역시 나는 앞서 말한 것처럼 오아무가 사와산성에 있었던 것으로 해석한다. 그러면 이시다가의 여성들이 성안에 있었던 것이 '당연'하기 때문에 사료의 '사용도'는 낮아질 수밖에 없다.

'오아무에게 사와산이라는 단어는 금지어였다'는 생각은 접어두고 '오가키성이라면 역사적 사실과 맞지 않는다'는 사실도 모른 척 '센고쿠 시대에 여성도 함께 싸웠다'고 말해 버릴까? 아니다, 그것은 연구자로서의 양심이 허락하지 않는다. 이런 일에 연연하기 때문에 나는 유명한 역사 연구가가 되지 못하는지도 모르겠다.

아울러 다나카 요시마사는 오미 출신이다. 본래는 농민이었다고도 전해진다. 미야베 게준宮部繼潤, 우시 히데쓰구羽柴秀次(도요토미 히데쓰구의 다른 이름—옮긴이)를 섬겼고, 히데쓰구가 실각한 후에는 히데요시의 직속 가신이 되었다. 세키가하라 전투에서는 이에야스 쪽에 붙어 이부키산으로 도망친 이시다 미쓰나리를 포박했고, 사와산성을 함락시켰다. 그 공을 인정받아 지쿠고 32만 석의 대영주가 되었으며, 다치바나 무네시게에게서 몰수한 야나가와성에 입성했다. 요시마사의 뒤는 넷째 아들인 다다마사忠政가 이었는데, 후계자가 없어 무네시게가 성주로 복귀했다.

오아무에 이은 센고쿠 시대 여성 이야기꾼이라면 당연히 오키쿠일 것이다. 오키쿠는 오사카성에서 요도기미를 섬겼던 여성이다. 1615년에 오사카성이 도쿠가와에게 함락되자 스무 살의 오키쿠는 필사적으로 오사카성에서 도망쳤다.

오키쿠는 이후 오카야마의 의원 집안으로 시집가서 83세의 고령으로 생을 마감했는데, 그녀는 손자인 다나카 이토쿠田中意德 의원에게 탈출했을 때의 이야기를 들려주었다. 이토쿠가 그 이야기를 어떤 사람에게 글로 쓰게 하면서 『오키쿠 이야기おきく物語』가 탄생했다.

오키쿠의 부친은 야마구치 모자에몬山口茂左衛門이다. 그의 부친은 야마구치 모스케山口茂介라고 하는데, 오미 아자이가에서 많은 녹봉을 받는 무사였다. 요도기미는 아자이 나가마사의 딸이었으므로, 모자에몬은 일찍부터 요도기미를 섬겼을 것이다. 그래서 오사카 전투가 시작되자 요도기미는 오키쿠를 데리고 오사카성에 입성했다. 그런데 오키쿠는 어떻게 살아남았을까?

오키쿠의 오사카성 탈출

오사카를 무대로 하는 오키쿠의 이야기는 기타오미의 센고쿠 영주인 아자이가와 깊은 연관이 있다. 우선 오키쿠의 부친인 야마구치 모자에몬, 조부인 모스케는 아자이가의 무사였다. 1200석의 녹을 받았다고 하는데, 이는 꽤 많은 것으로 상급무사였다고 봐야 할 것이다. 게다가 운 좋게도 모스케의 수하에는 도도 요에몬藤堂與右衛門, 즉 젊은 시절의 도도 다카토라藤堂高虎가 있었다. 모스케가 여러모로

요에몬을 돌보기도 하여 후일 야마구치 모자에몬은 도도 가의 손님으로서 300석을 받았다.

그런데 도쿠가와와 도요토미가 인연을 끊자 모자에몬은 스무 살의 오키쿠를 데리고 오사카성에 입성했고 전장에서 목숨을 잃었다. 아버지를 잃은 오키쿠는 아자이 나가마사의 딸인 요도기미를 섬기다가 이윽고 1615년 5월 7일 성함락의 날을 맞았다. 그날 오키쿠는 위험을 느끼지 못한 채 성안에서 평소처럼 생활했다. 메밀가루가 있는 것을 발견하고 근처에 있던 하녀에게 요리하여 굽도록 지시했다.

그런데 하녀가 부엌에 들어간 사이 도쿠가와군의 총공격이 시작되었다는 정보가 날아들었다. 서둘러 밖이 잘 보이는 곳으로 뛰어가 내다보니 여기저기에서 불길이 치솟았다. 오키쿠의 판단은 빨랐다. 도망치자! 오키쿠는 홑옷 세 개를 껴입고, 띠(원문에는 속옷. 허리띠로 해석해야 할까) 세 개를 두르고 건물 밖으로 나가 북쪽을 향했다.

광활한 성이었으니 밖으로 빠져나가기도 쉽지 않았을 것이다. 하지만 원문에는 그에 관해서는 특별히 언급하고 있지 않다. 오키쿠의 민첩한 판단 덕분에 그녀가 성 밖으로 나갈 때는 아직 전투가 성의 북쪽까지는 미치지 않은 상황이었다. 폭풍 전야의 고요라고 할까? 오키쿠는 무사히 성밖(교바시구치)으로 빠져나갔고 그곳에도 무사는 없었다.

그런데 어두운 그림자 속에서 홑겹 하나만을 걸친 남자

에도 시대의 오사카성과 그 주변 지형의 모습.

가 나타나 녹슨 칼을 뽑아들며 오키쿠에게 금품을 요구해 왔다. 오키쿠가 옷 속에 감추고 있던 금화(7냥 2부에 달했다. 지금으로 계산하면 75만 엔 정도?) 두 개를 내밀자 남자는 매우 기뻐했다. 그래서 그녀는 '도도 전하의 진영은 어딘지' 물었다. 남자가 남쪽의 마쓰바라구치라고 답하자 오키쿠는 과감하게 협상을 시도했다. 도도 진영에 도착하면 돈을 더 주겠다. 그러니 나를 그곳까지 데려다 달라. 그러자 남자는 승낙했다. 정체가 알려지지 않은 그 남자의 호위를 받으며 오키쿠는 걷기 시작했다. 옛 주인에게 돌아가려는 것이었다.

여기에서 알 수 없는 것은 그 남자의 행동이다. 전혀 칭찬받을 만한 이야기는 아니지만, 오키쿠를 왜 공격하지 않았을까? 돈을 더 갖고 있을 것 같다고 생각했다면 강도로 돌변해도 이상하지 않다. 게다가 오키쿠에게 나쁜 짓을 할 수도 있었다. 하지만 그녀의 말에 따라 온순하게 행동했다.

그래서 상상해보았다. 어쩌면 오키쿠는 매우 담이 큰 무가의 여성으로, 하급무사 정도의 남자(여성으로 말하자면 메밀가루를 요리하도록 지시를 받은 하녀에 상당하려나)에게 엄하게 지시를 내릴 정도의 위엄을 갖추고 있었던 것이 아닐까? 게다가 이 여자를 지금 당장 해치는 것보다는 나중에 포상을 받는 것이 득이라고 납득시킬 만큼 총명했던 것은 아닐까?

그렇더라도 남자의 마음은 언제, 어떻게 바뀔지 모른다. 오키쿠는 대체 무슨 생각이었을까?

'하쓰' 일행과의 만남

오키쿠는 오사카성을 빠져나와 남쪽의 마쓰바라구치에 있는 도도 다카토라의 진영으로 향했다. 일행은 태생이 알려지지 않은 하급무사로 보이는 남자로, 언제 강도로 돌변할지 모르는 인물이었다. 그때 그녀는 조코인常高院(원문에서는 요코인要光院) 일행을 만났다. 조코인은 이른바 아자이가의 세 자매 중 한 사람으로 이름이 하쓰初이며, 요도기미의 여동생으로 고(2대 쇼군인 히데타다의 정실)의 언니다. 와카사의 영주인 교고쿠 다카쓰구의 정실이었다. 이 다카쓰구도 아자이가와 관련이 있는 사람으로, 모친이 아자이 히사마사淺井久政의 딸이며 나가마사의 자매다. 그러므로 다카쓰구와 조코인은 사촌지간이다.

조코인은 마지막 화해 교섭을 위해 오사카성 안에 있었다. 도요토미 히데요리는 무슨 수를 써서라도 요도기미를 살리고자 획책했던 것일까? 조코인은 무사의 등에 업혀 있었고, 주위에는 무사와 하녀들이 뒤따르고 있었다. 그리고 성에서 도망친 많은 여인도 함께였다. 그 모습을 본 오키쿠는 절호의 기회라고 빠르게 판단하여 수상한 남자를 내치고, 조코인의 일행에 합류했다. 도도가로의 귀환을 단념한 것이다.

일행은 북쪽을 향하는 도중에 모리구치에서 휴식을 취했다. 그곳에는 도쿠가와 이에야스의 부름과 함께 가마가 준비되어 있었다. 조코인은 도망친 여인들에게 말했다. 비록 여인의 몸이었지만 오사카성 안에 있었으니 쇼군이 어떤 처분을 내릴지는 알 수 없다. 가능하면 나도 편을 들어주겠지만 엄한 명령이 내려질지도 모른다. 그러니 각오하라. 그 말을 들은 여인들은 엎드려 울었다.

오키쿠와 마찬가지로 조코인에게 보호를 청한 여성 가운데 야마시로 구나이山城宮內의 딸로 도요토미 히데요리를 섬기던 하녀가 있었다. 그녀는 얇은 홑겹으로 된 옷에 허리띠만 맨 상태였다. 오키쿠는 그녀를 불쌍히 여겨 자신이 입고 있던 홑옷 한 장과 허리띠 하나를 나눠주었다. 그를 계기로 두 여인은 친해졌다.

야마시로 구나이는 야마시로 다다히사山城忠久일 것이다. 이전에는 도요토미 히데요시를, 이 시점에서는 도쿠가와 막부에 종사했는데, 일관하여 쓰카이반使番을 맡았던 인물이다. 쓰카이반은 전장에서 전령이나 감찰을 담당하는 직무다. 적군에 사절단으로 가기도 했다. 주군의 대리로서 행동하므로 중요한 역할이다. 쇼군 직속의 상급무사로 확증은 없지만 2000~3000석 정도의 녹을 받은 듯하다.

놀랍게도 그 야마시로가의 딸이 오사카성에 있었다. 공식적으로는 의절한 상태였던 것일까? 호소카와 다다오키(당시는 도요마에 고쿠라 39만 석)의 차남인 오키아키興秋가 입성한 예(함락 후 다다오키의 명으로 할복)도 있으므로, 있을 수 없는 일은 아니다. 일의 진위를 포함하여 이 부근의 사정을 알 만한 사료는 유감스럽게도 존재하지 않는다.

여담이지만 야마시로 다다히사는 1617년, 한 해 전에 사망한 도쿠가와 이에야스를 모신 도쇼샤(후일의 도쇼구)를 축조하기 위해 일할 때 동료 혼다 마사모리本多正盛(적자는 안도 시게나가安藤重長. 다카사키 5만6000석을 지배)와 분쟁하다가 자살했다. 마사모리도 그 뒤를 쫓듯 할복자살했다. 『세키하라전기 집대성 31』에는 놀랄 만한 일화가 기록되어 있다.

마사모리에게 치욕을 당한 다다히사는 이전부터 친하게 지내던 후쿠시마 마사노리에게 상담했다. 그러자 마사노리는 이른바 사시바라指腹(자신은 할복하지만, 그 대가로서 자신이 지명한 상대도 할복하게 하는 행위)를 권하며, 막부가 마사모리를 감싼다면 자신도 가만히 있지 않겠다고 약속했다. 다다히사는 흔쾌히 마사노리의 말에 따랐고, 마사모리는 할복자살을 명받았다고 한다. 흥미로운 이야기지만 정말 후쿠시마 마사노리가 두 사람 사이에 관여했는지에 대한 증거는 없다.

도피행의 결말

야마시로 구나이의 딸(귀찮으니 야마시로로 부르기로 한다)
의 출신(부친은 쇼군의 직속 신하)은 오키쿠의 출신(도도가의
손님으로 300석)보다 분명 한참 높다. 두 사람이 어떤 관계
를 맺었는지 원문에는 명기되어 있지 않다. 평화로운 세상
이었다면 야마시로가 오키쿠를 아랫사람으로 대해도 이상
하지 않은 상황이다. 아무튼 대등한 친구관계를 맺기는 힘
들었을 것이다. 하지만 목숨을 걸고 도망치는 상황인 만큼
신분을 넘어선 우정이 생겼을지도 모른다.

"오사카성 안에 있던 사람은 여인이라도 어떤 처분을 받
을지 알 수 없다. 나도 가능한 한 도와보겠지만, 각오는 해
두라." 조코인(아자이 세 자매 중 둘째)은 그렇게 말하며 도쿠
가와 이에야스를 만나러 갔다. 모리구치의 민가에서 모두
긴장하며 기다리고 있는데, 마침내 조코인이 돌아와 가마
에서 내리기도 전에 서둘러 좋은 소식을 전했다. "이야기가
잘 되었어요. 죄는 묻지 않으시겠답니다. 원하는 곳으로 가
도 좋아요." 그 말을 들은 여인들은 크게 환호성을 질렀다.
조코인은 아랫사람을 배려하는 멋진 여성인 듯하다.

오키쿠와 야마시로는 함께 교토로 향했다. 먼저 오사카
성을 출입하던 구면의 상인을 방문했는데, 그 상인은 도망
자를 묵게 할 수는 없다며 집에 들이기를 거부했다. 그래서

야마시로의 숙부에 해당하는 '오다 사몬織田左門'의 저택을 찾아갔는데, 그곳에서도 두 사람은 문전박대를 당했다. 오키쿠는 화를 내며 "이분은 주인님의 조카예요. 그런데도 문을 열어주지 않습니까?" 하고 크게 소리쳤다. 그러자 당장 저택 안으로 안내되어 융숭한 대접을 받았다. 사몬은 "조카를 찾았다"며 오키쿠에게 정중하게 고마움을 표했다.

이 오다 사몬도 알고 보면 꽤 유명한 인물이다. 오다 우라쿠사이織田有樂齋(노부나가의 남동생으로 이름은 나가마스長益다. 그 저택이 있던 곳이 후일의 유라쿠초다)의 적자로 이름은 요리나가賴長다. 가부키와 다도인으로 유명하며, 오사카의 겨울 전투까지는 부친과 함께 오사카성 안에 있었다. 겨울 전투 후에 일단 도쿠가와와 도요토미는 화의를 맺었는데(그 증명으로서 해자를 묻었다고 한다) 그때 우라쿠사이는 오사카성을 나갔다. 사실은 3만여 석의 부친의 영지를 이었어야 했지만, 상속권을 포기하고 오사카에 넘긴 채 은둔하여 교토에서 살았다.

이 오다 요리나가가 숙부라는 것은 우라쿠사이의 딸 중 한 명이 야마시로 다다히사에게 시집을 갔다는 뜻이다. 그러나 가계도에서는 확인할 수 없다. 요리나가도 금방 '야마시로를 자신의 조카'로 인식하지 못한 것으로 보아, 어떤 이유에서인지 두 사람의 사이는 소원했던 것 같다. 평소 돈독하게 지냈다면 야마시로는 다른 누구보다도 먼저 그에게 도움을 요청했을 테니 말이다.

그런데 오키쿠는 사나흘 요리나가의 저택에 머문 후, 같은 교토에 사는 마쓰노마루를 찾아갔다. 마쓰노마루는 도요토미 히데요시의 애첩으로, 이름은 고고쿠 다쓰코京極龍子다. 부친은 오미의 명문 무가인 교고쿠 다카요시, 모친은 아자이 히사마사의 딸이다. 조코인의 남편인 교고쿠 다카쓰구의 여동생(누나라고도 한다)으로, 아자이가 세 자매(아자이 나가마사의 딸)와는 사촌에 해당된다.

여기에서 오키쿠의 아자이가 인맥이 다시 한 번 힘을 발휘했다. 마쓰노마루는 오키쿠를 받아들였다. 오키쿠는 새로운 일자리를 얻게 되었고, 필사의 탈출은 이곳에서 막을 내렸다.

무장들의 '무자비한 약탈'

지금까지 오키쿠가 오사카성을 탈출하는 과정을 살펴보았다. 뭐야, 쉽게 도망갔잖아. 전란이라더니 당시에는 그리 치열하지 않았던 모양이군. 이렇게 생각하고 있지 않은가? 아니, 그렇지 않다. 내 전달 방법이 부족했을 뿐이다. 객관적으로 봤을 때 오키쿠는 실로 위험한 상황에 놓여 있었다.

오키쿠는 어떻게 살아남았을까? 첫째, 결단이 빨랐기 때문이다. 성에 불길이 치솟는 모습을 보자마자 즉시 아무것도 챙기지 않고 맨몸으로 달려나갔다. 이것이 탈출에 성공한 가장 큰 이유다. 우물쭈물했다가는 성안으로 난입한 적병에게 붙잡혀 큰일을 당했을 것이다. 그리고 두 번째는 '북쪽으로' 향하는 조코인 일행을 만났기 때문이다. 오키쿠의 부친과 조부가 아자이가의 가신이었기 때문에 그 덕을 볼 수 있었다. 만약 조코인을 만나지 못했다면, 그리고 일행에 합류하지 못했다면 오키쿠는 남쪽으로 진군하던 도도군을 향해 계속 나아갔을 것이다. 남쪽으로 향한다는 것은, 즉 굶주린 늑대와 같은 도쿠가와군 속으로 스스로 뛰어드는 것과 다름없다.

오사카성의 망루에 「오사카 여름 전투의 진영도大坂夏の陣圖屛風」가 소장되어 있는데, 구로다 나가마사가 전투 직후에 그리게 한 것이다(다른 설도 있다). 좌우로 나뉜 두 개의 병풍으로 이루어져 있고 각각 여섯 개로 접힌다(여섯 폭의 병풍). 오른쪽은 성 남쪽의 풍경으로 도요토미와 도쿠가와 양군이 격렬하게 싸우고 있다. 오른쪽 끝에 이에야스와 히데타다의 본진, 왼쪽 끝에 오사카성의 망루가 배치되어 있고, 그 사이에 양군의 군사가 빽빽이 그려져 있다.

그러나 지금 주목하려는 곳은 왼쪽이다. 여기에는 낙성에 따른 성 북쪽의 혼란과 참상이 적나라하게 그려져 있다. 패주하는 것은 병사뿐만이 아니다. 오사카성 부근에 사는 마을 사람들도 작은 배를 타거나 혹은 걸어서 요도가와강을 건너 도망치고 있다. 그들을 도쿠가와군이 무자비하게 공격하고 있다. 죄도 없는 마을 사람들이 폭력을 당하고 붙들려 죽임을 당한다. 외국인 선교사는 요도가와강이 시체로 넘쳤고 사망자는 10만 명에 달했다고 보고했다. 과장된 면도 있겠지만 엄청난 희생이었다.

센고쿠 시대의 영주는 '란도리亂取り'라는 짓을 서슴없이 자행했다. 전투 후에 병사가 전장 부근의 사람과 재물을 약탈하는 행위다. 적지의 민가에 침입하여 식량이나 가재도구를 빼앗았다. 어처구니없는 짓이지만, 여기까지는 이해할 수 있다. 그런데 인간을 약탈한다고? 그렇다, 용도는 (당시에는 사용되지 않은 단어였지만) 노예다.

"남녀를 사로잡아 죄다 고슈로 끌고 간다. 값은 2관, 3관, 5관, 10관이라도 친족이 있다면 돈을 낼 것이다"(『묘호지기妙法寺記』). 이는 다케다 신겐이 시나노의 시가성을 공격한 때의 일이다. 남녀를 생포하여 고후로 끌고 갔다. 1관은 약 10만 엔이므로, 친족은 20만~100만 엔에 잡힌 사람을 되산다. 하지만 그렇게 큰돈을 보통 농민들이 갖고 있을 리가 없다. 구로카와 금광산 등에서의 강제 노동에 내몰린 사람이 많지 않았을까?

의를 존중한 무장으로 유명한 우에스기 겐신조차도 무장들의 약탈을 묵인했다. 히타치의 오다성을 함락시켰을 때의 일로, 그때는 사람의 가격이 20~30전이었다. 지금으로 계산하면 2000~3000엔 정도다. 형편없이 싼 것 같지만, 그만큼 대량으로 노예사냥이 이루어졌다는 뜻이리라.

센고쿠 시대의 막을 내린 히데요시나 이에야스는 인신매매를 금지하는 쪽으로 방향을 틀었지만, 그래도 오사카 전투에서는 여전히 약탈이 자행되었다. 오키쿠는 정말 위험했던 것이다.

제 10 장

후대와 냉대의 경계선

논공행상

여동생의 미모 덕분에 목숨을 구한 '반딧불 영주'

'오키쿠와 오미'에 주목하여 『오키쿠 이야기』를 읽었다. 아자이가 출신의 요도기미와 조코인, 아자이 나가마사의 누이의 자식인 히데요시의 애첩 마쓰노마루. 오키쿠는 그녀들과 관계를 맺으며 센고쿠 시대 여성으로서의 삶을 살았다. 이번에는 조코인의 남편이며, 마쓰노마루의 동복오빠인 교고쿠 다카쓰구에 대해 살펴보자.

오미의 교고쿠가는 유서 깊은 명문가다. 당시 살아남은 무가의 명문 중 가장 유력했던 가문은 히타치의 사타케일 것이다. 하치만타로 요시이에八幡太郎義家(그 손자가 미나모토노 요리토모)의 남동생 신라사부로 요시미쓰新羅三郎義光의 직계다. 이를 뒤잇는 가문이 사쓰마의 시마즈, 오미의 교고쿠다. 모리나 우에스기는 가마쿠라 시대에는 그리 유력한 가문이 아니었기 때문에 그 뒤에 위치한다. 사타케와 같은 쪽인 가이·다케다는 노부나가에게 멸문당하고, 시마즈와 동격인 분고·오토모는 히데요시에 의해 평민으로 전락했다.

1159년의 헤이지의 난平治の亂. 오미의 사사키소(오미하치만시)를 다스리던 사사키 히데요시佐々木秀義와 그 자식들은 미나모토노 요시토모源義朝를 따라(히데요시의 아내는 요시토모의 누이) 패하여 본거지를 잃었다. 오슈히라이즈의 후지와라노 히데히라藤原秀衡에게로 도망치는 도중 사가미의 시부야 시게쿠니澁谷重國가 "내 영지에서 돌보게 해달라"며 도움의 손길을 내밀었다. 호의에 기대며 부자는 시부야소(아야세시 등)에서 하루하루를 보냈다.

세상은 헤이가平家 전성시대. 부활의 기회는 좀처럼 찾아오지 않았다. 시부야 저택에서 식객으로 머문 지도 어언 20년에 이르러 마침내 미나모토노 요리토모의 깃발을 들게 되었다. 나이를 먹은 히데요시를 대신해 네 명의 아들(그 모친은 요시토모의 누이이므로, 그들은 요리토모의 사촌)이 용감하게 일어나서 겐지의 진영에 참가했다. 넷째 다카쓰나의 우지카와宇治川 전투, 셋째 모리쓰나盛綱의 비젠·후지토에서의 활약은 전쟁 소설이나 극으로도 유명하다.

이후 요리토모의 약진과 궤를 같이하며, 사사키의 가운은 날로 융성해졌다. 비록 히데요시는 헤이가 잔당과의 전

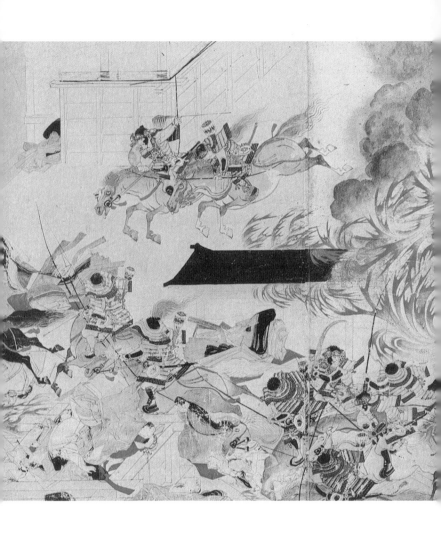

1159년 헤이지의 난.

투에서 전사했지만, 형제는 많은 장원을 차지했다. 본거지인 사사키소도 되찾은 후 오미를 수호하며, 오미 전체에 영향력을 행사했다. 이윽고 사사키 본가는 롯카쿠가와 교고쿠가로 나뉘는데, 무로마치 시대에는 각각 오미를 양분(롯카쿠가 오미 대부분을 수호했고, 교고쿠는 몇 개 군만 맡았다는 설도 있다)하여 지켜냈다.

이처럼 가마쿠라 시대부터 기타오미를 지배한 교고쿠가에도 하극상의 물결은 가차 없이 들이닥쳤다. 교고쿠가 이전부터 오미에 뿌리내린 기존의 무사들은 점차 교고쿠가의 명령을 듣지 않게 되었다. 그 대표적인 인물이 센고쿠 영주로 성장한 아자이가다. 아자이 히사마사(나가마사 부친)는 딸(천주교에 귀의. 세례명은 마리아)을 교고쿠 다카요시에게 시집보내고 다카요시를 꼭두각시처럼 다루었다. 실권도 영지도 잃은 다카요시는 신진 세력인 오다 노부나가에게 아들 다카쓰구를 인질로 보내고 은거했다. 다카쓰구는 자연스럽게 노부나가의 가신이 되었다.

1582년 혼노지의 변 후에 다카쓰구는 여동생인 다쓰코가 시집간 와카사의 다케다 모토아키武田元明(다케다가는 와카사 방비를 맡은 명문)와 함께 미쓰히데를 따라 히데요시의 거성인 나가하마성을 공격했는데, 미쓰히데는 히데요시에 패하여 자결했다. 그리하여 다카쓰구는 절체절명의 위기에 처했는데 이를 구한 것은 다쓰코였다. 미모가 뛰어난 다쓰코가 전남편인 모토아키를 죽음으로 내몬 히데요시의 측실이 되어 오빠의 구명을 탄원한 것이다.

다쓰코는 히데요시의 총애를 두고 요도기미와 경쟁하는 마쓰노마루가 되었는데, 오빠인 다카쓰구도 점차 승진하여 오즈 6만 석을 받기에 이르렀다. 세간에서는 다카쓰구가 자신의 공적이 아니라 여동생의 엉덩이 덕분에 출세했다며 엉덩이에서 빛을 내는 반딧불에 빗대어 '반딧불 영주'라 조롱했다고 한다.

반딧불 영주의 '남자다움'

'반딧불 영주'인 교고쿠 다카쓰구는 출신은 누구에게도 뒤지지 않지만 무공은 형편없었다. 그렇지만 여동생인 마쓰노마루가 천하를 지배한 도요토미 히데요시의 애첩이었던 덕분에 교토에 가까운 일등지인 오즈 6만 석의 영주가 되었다.

마쓰노마루는 남편인 다케다 모토아키를 파멸시킨 바로 그 히데요시에게 총애를 받았다. 아무리 약육강식의 센고쿠 시대라 해도 복잡한 사랑의 형태가 존재했다. 모토아키 입장에서 보면 요즘 일부에서 인기를 끄는 네토라레ネ トラレ(좋아하는 이성이 다른 사람과 성적 관계가 되는 상황에 성적 흥분을 느끼는 기호나 그런 기호를 가진 사람을 다룬 소설 등의

장르—옮긴이)가 존재한다. 그래서 사람들이 그녀를 보는 시선은 뭔가 '미묘'하지 않았나 싶다. 그 탓에 다카쓰구에 대한 평가가 더욱 신랄했던 것인지도 모른다.

하지만 그 '반딧불 영주'가 무가의 의지를 보인 때가 있었다. 세키가하라 전투다. 다카쓰구는 처음에 이시다 미쓰나리 등의 서군에 속하여 호쿠리쿠 방면으로 진군하는 오타니 요시쓰구와 행동을 함께했다. 그런데 오타니군이 미노로 전진하는 도중에 갑자기 군사를 돌려 거성인 오즈성에 칩거하며, 동군으로 돌아서는 자세를 분명히 드러냈다. 1600년 9월 3일 혹은 4일의 일이다.

군사는 불과 3000명. 서군의 한가운데에서 취한 행동이므로 도쿠가와, 즉 동군의 도움은 기대할 수 없었다. 확고한 승산이 있었다고는 보기 어렵다. 그래도 다카쓰구는 분연히 일어섰다. 실로 일생일대의 '남자다움'을 보여준 것이다.

사실 도쿠가와 이에야스는 우에스기 토벌을 위해 동쪽을 향하면서 오즈성의 다카쓰구를 방문했다. 어떤 이야기를 나눴는지 사료는 남아 있지 않지만, 군사를 일으킬 시기와 방법에 이르기까지 이에야스로부터 상세한 요청을 받지 않았나 생각한다.

다카쓰구의 배신에 놀란 미쓰나리 등은 경악하며 서둘러 모리 모토야스(모리 모토나리의 여덟째 아들로, 데루모토의 가신 중 한 명)를 대장으로, 다치바나 무네시게(지쿠고·야나가와 13만 석), 고바야카와 히데카네(모토나리의 아홉째 아들, 고바야카와 다카카게의 양자. 지쿠고·구루메 13만 석) 등 1만 5000명의 군사를 오즈성으로 보냈다. '반딧불 영주'의 예기치 못한 행동에 동요하여 과잉 반응을 보인 듯한 느낌을 지울 수 없다. 그도 그럴 것이 무네시게와 히데카네는 탁월한 야전 지휘관이었고, 게다가 둘은 마음이 잘 맞아 뛰어난 연합작전을 펼치곤 했기 때문이다. 굳이 두 사람을 본대에서 분리하여 보낼 필요가 있었을까? '닭 잡는 데 소 잡는 칼을 쓰는'(『논어』 「양화」 편) 형국이다.

9월 8일, 오즈성 공격이 시작되었다. 교고쿠군은 성을 굳건히 지켰고 성은 쉽게 함락되지 않았다. 이에 앞선 후시미성의 싸움에서는 서군 본대 4만 명이 도리이 모토타다鳥居元忠 등 1800명의 군사가 지킨 이 성을 공략하는 데 14일이 걸렸다. 다나베성의 싸움에서는 서군 1만5000명, 호소카와 유사이 등 수비 측이 500명이었지만 조직적인 저항은 10일 이상 계속되었다(조정이 외교에 개입하여 실제로 성을 연 것은 그로부터 약 40일 후다). 야전의 명수도 성 공격에는 힘을 쓰지 못했다.

9월 13일, 대포가 발사되었다. 포탄은 망루에 명중하고 성안은 대혼란에 휩싸였다. 다치바나군의 군대가 성벽을 타고 올라가 성안으로 진입하는 데 성공하여 본성 외곽을 점령했다. 이튿날인 14일에도 본성의 외곽을 중심으로 맹공격이 이어졌다. 어쩔 수 없이 같은 날 밤 다카쓰구는 성을 포기하기로 결단했다. 목숨을 구한 그는 15일 아침에 성을 나와 삭발하고, 근신의 땅인 고야산으로 향했다.

오즈성은 함락되었다. 그러나 9월 15일은 세키가하라에서의 결전의 날이었다. 용장으로 이름을 날린 다치바나군과 고바야카와군을 비롯한 1만5000명의 병력은 본전에 참전할 수 없었다. '반딧불 영주' 다카쓰구의 행동은 실로 엄청난 결과를 초래한 것이다.

다카쓰구의 건곤일척에 대한 논공행상

교고쿠 다카쓰구는 오즈성에서 공성전을 펼쳐 서군 1만 5000명의 발을 묶었다. 게다가 세키가하라에서의 결전에 참전하지 못하게 된 그 군대에는 용맹하기로 이름난 다치바나 무네시게군과 고바야카와 히데카네군이 포함되었다. 엄청난 공적이었다!

다만 9월 15일, 즉 결전의 날에 교고쿠군은 항복했다. 다카쓰구는 삭발하고 고야산으로 향했다. 그래서 일반인들을 대상으로 하는 역사 잡지에서는 "하루만 더 버텼더라면 세키가하라 전투의 결과가 전해져 서군은 철수했을 것이다. 오즈성은 함락되지 않았을 것이다. 성이 건재했다면 교고쿠가는 더욱 많은 포상을 받았을 텐데 너무 아깝다"고 설명하는 경우가 많다.

나는 전부터 그러한 서술에 의문을 느꼈다. 성을 지켜냈건 항복했건, 다카쓰구가 대군의 발목을 묶어놓은 공적은 엄연한 '사실'이다. 세키가하라에서 패전하면서 서군은 사실상 괴멸당했다. 모리 모토야스 휘하의 1만5000명은 오즈성에서 동군을 맞아 싸우지 않고 재빨리 오사카성으로 철수했다. 서군에 오즈를 빼앗겼지만 이는 그 후의 정세에 아무런 부정적인 영향을 미치지 않았다. 그렇다면 공성전의 실패에 상관없이 다카쓰구에 대한 처우에는 변화가 없을 것이다.

서두는 이 정도로 해두자. 그러면 다카쓰구의 일생일대의 '남자다움'은 어떤 평가를 받았을까? 답은 와카사 8만5000석과 오미에 7000석, 합하여 9만2000석이다! 본래가 오즈 6만 석이었으니 늘어나기는 늘어났다. 하지만 솔직히 생각한 것만큼은 아닌 것 같다. 동해의 물류와 교토를 연결한다는 점에서 와카사가 중요하고 부유한 영지라는 사실은 이해가 간다. 그래도 적진 한가운데서 감연히 반기를 든 대가로는 약한 듯하다. 다카쓰구와 다른 영주를 비교해보자.

먼저 대대로 충성한 이에야스의 가신들은 어떤가? 세키가하라 전투 후 도쿠가와 이에야스의 논공행상은 역대 가신들에 대해서는 '인색'했다고 생각한다. 우에노·다테바야시 10만 석을 지배하던 도쿠가와 사천왕 중 한 명인 사카키바라 야스마사를 예로 들어보자. 그는 도쿠가와 히데타다와 함께 나카센도를 이용했기 때문에 세키가하라 전투에 늦었다. 그래서 "전장에서 한 일이 없다" 하여 포상 없이 다테바야시 10만 석에 머물렀다. 나카센도를 제압한 공은 인정되지 않았다. 또한 도쿠가와가가 '천하를 제패'했으니 "미카와 이래 수고가 많았다"며 포상을 줄 만도 한데 이 또한 일체 없었다.

마찬가지로 사천왕 중 한 명인 혼다 다다카쓰本多忠勝의 경우에는 사정이 복잡하다. 혼다가의 군대(적자인 다다마사가 지휘)는 나카센도 군대에 속해 있었지만, 다다카쓰 자신은 얼마 안 되는 하인과 함께 이에야스를 수행하여 세키가하라에서는 군감(현장의 군사 지휘관)으로서 전장을 질주했다. 모리군의 중립화 등 도자마 영주外様大名로서 외교 교섭에서도 능력을 발휘했다. 그 결과, 가즈사·오타키 10만 석에서 이세·구와나 10만 석에 봉해졌다. 오타키에는 차남인 다다토모忠朝가 5만 석의 영주로 남았다. 혼다가 전체로는 5만 석이 늘어난 것이다.

이이 나오마사는 우에노·다카사키(미노와) 12만 석에서 오미·사와야마 18만 석으로 6만 석이 늘었다. 그러나 나오마사군은 동군의 선봉을 맡았고, 나오마사 자신은 다다카쓰와 마찬가지로 군감의 자리에 있었다. 시마즈 요시히로군과의 전투에서는 중상을 입어 전시와 전후에 걸쳐 도자마 영주로서 교섭에 임했다. 역대 영주 중에서는 가장 많은 봉토를 받았지만, 다방면에서 능력을 발휘한 나오마사의 활약을 생각하면 기대한 만큼의 포상은 아니다. 역시 이에야스는 가까운 가신에게 더 엄격했다고 할 수 있다.

가토 기요마사가 받은 포상

주변은 모두 적이다. 그런 가운데 단호히 동군에 합류하여 서군 1만5000명을 오즈성에 붙들어놓은 '반딧불 영주' 교고쿠 다카쓰구는 그 포상으로 오즈 6만 석에서 늘어나 와카사 영지 외 9만2000석의 영주가 되었다. 과연 이 포상은 어떻게 평가할 수 있을까?

앞서 이에야스는 도쿠가와의 역대 가신에게 '인색'했다고 지적했다. 그렇다면 신흥 가신들에 대해서는? 이시다 미쓰나리나 고니시 유키나가 등과 대립한 이른바 '무단파武斷派'에 속하는 가토 기요마사를 예로 들어보자. 히고 북부를 영유하던 그는 우에스기 토벌에 참가하지 않고, 영지인 구마모토隈本(후일의 구마모토熊本)에 있었다. 세키가하라의 본전투에는 참전하지 않았다.

그렇다면 동군의 일원으로서 그는 어떤 일을 했을까? 고니시 유키나가와 그 군대가 부재한 우도성을 공격하기도 하고, 동군의 승리가 확정된 후 다치바나 무네시게의 야나가와성을 함락시키기도 했다. 싸움에서는 무슨 일이 일어날지 알 수 없기 때문에 쉬운 싸움은 없다. 그러한 사실을 감안하더라도 다카쓰구와 같은 '목숨을 건' 각오와는 조금 다른 싸움들뿐이다. 동군 전체의 승리에는 크게 기여한 것 같지 않다.

사쓰마의 시마즈를 제압했다고도 해석할 수 있다. 다만 당시의 시마즈가 두려워한 것은 외적보다 내부의 적이었다. 가신 중 수석 장로였던 이주인 일족이다. 앞서 이 책에서도 다루었지만, 권세를 휘두른 이주인 다다무네가 주군에게 토벌당한 것은 1599년 4월의 일이다. 그 소식을 들은 다다무네의 아들 다다자네忠眞는 본거지인 효가·미야코노성에서 버티며 시마즈 종가에게 반기를 들었다(쇼나이의 난).

난을 진압하는 데에는 시간이 걸려 이듬해 3월에 간신히 종결되었다. 그러나 시마즈 요시히사는 계속해서 경계를 늦추지 않았고, 그 탓에 세키가하라 전투에 일정 규모의 병력을 내보낼 수 없었다. 시마즈군의 움직임을 봉쇄한 공로자는 기요마사라기보다는 이주인 다다자네(결국 1602년에 주군의 명령에 의해 사망)라 해야 할 것이다.

아니, 그래도 역시 시마즈군의 진군을 막은 것은 기요마사의 공이라고 해보자. 파병 가능한 시마즈군은 1만 5000명 정도(조선에는 1만 명을 파병)이므로, 기요마사와 다카쓰구가 저지한 병력은 거의 같은 수다. 시마즈군 1만 5000명의 파괴력은 물론 강력했지만, 오즈성을 포위한 군대에는 강하기로 이름난 다치바나 무네시게군과 고바야카와 히데카네군이 있었으므로, 일단 기요마사와 다카쓰구의 공은 같았던 것으로 해석하겠다.

그래서 결국 기요마사는 어느 정도의 포상을 받았을까? 히고 북부 20만여 석(측량하기에 따라서는 25만 석)이었던 것이 히고의 대부분 등을 하사받아 54만 석의 대영주가 되었다. 세상에 이에야스는 인심도 후하다. 후해도 너무 후하다. 기요마사는 도요토미 영주의 대표적인 인물이 아니던가. 히데요시에게 충성한 기요마사를 길들이는 일은 정치적으로 큰 의미가 있었다. 그렇게 설명하는 것이 무리가 없는 추론이리라.

그렇게 생각하면 다카쓰구가 불쌍하다. 애써 목숨을 다해 싸웠는데, 기요마사와 맞먹는 수훈을 세웠는데 겨우 그 정도의 포상이라니. 하사받은 와카사는 교토와 가까워 말하자면 고급지이기는 하다. 지방 토지에는 비할 바가 아닐 수도 있다. 하지만 막부의 수도 자체가 교토에서 에도로 옮기게 된 마당에 교토와 가깝다는 것이 무슨 득이 되겠는가. 결국 다카쓰구는 홀대를 당한 것인가. 어차피 '반딧불 영주'라서?

아니, 잠깐. 기요마사를 후대한 데에는 어쩌면 다른 이유가 있었을지도 모른다는 생각이 든다. 그 자세한 이야기는 뒤에서 하겠다.

이에야스도 사위에게는 약하다!

가토 기요마사는 목숨을 걸고 싸우지 않았다. 그런데도 봉록은 25만 석에서 50만여 석으로 늘어났다. 이에야스는 왜 기요마사를 후대했을까? 목적은 물론 홍보를 위해서였을 것이다. 저 기요마사조차 이에야스에게 복종했다. 그런 소문이 퍼지면 신흥 영주들은 도쿠가와가에 충성을 맹세하기 쉽다.

그러나 나는 한 가지 이유가 더 있다고 생각한다. 기요마사가 이에야스의 사위였다는 사실이다. 이와 관련해서는 기요마사와 마찬가지로 신흥 영주였던 이케다 데루마사池田輝政, 가모 히데유키의 예를 보면 알 수 있다.

데루마사의 아내는 이에야스의 차녀인 도쿠히메督姬다. 그녀의 남편이었던 호조 우지나오北條氏直는 오다와라성이 함락된 이듬해에 사망했다. 도쿠히메는 1594년 30세에 히데요시의 소개로 이케다 데루마사와 재혼했다. 당시의 데루마사는 미카와 요시다의 성주로 15만 석 정도였다.

세키가하라 전투에서 데루마사는 처음에 기후성 공격에서 공을 세웠다. 후쿠시마 마사노리와 앞을 다투며 가장 먼저 달려나갔다고 한다. 그러나 정작 중요한 세키가하라 본 전투에서는 공을 세우지 못했다. 난구산의 모리군을 견제하기 위해 진을 치고 있었기 때문이다. 모리군은 전쟁 전에 약속한 대로 난구산에서 움직이지 않았기 때문에 이케다군도 전투에 참전할 기회가 없었다.

이에야스의 논공행상은 기본적으로 성과주의라 할 수 있다. 실제로 얼마나 싸웠는지가 중요하다. 모리군이 사전 협정을 휴지 조각처럼 내던지고, 이에야스 본대의 배후를 칠 가능성은 있었다. 만약 그렇게 되었다면 이케다군은 전력을 다해 싸웠을 테니 그 점을 참작해달라고 하소연해도 소용없다. '만약'을 말하기 시작하면 끝이 없기 때문에 무시한다. 그래서 예를 들면 늦게 도착하여 세키가하라 본전에 참전하지 못한 사카키바라 야스마사는 아무런 포상을 받지 못했다.

그렇게 생각하면 데루마사의 공도 별것 아니다. 그런데도 전후에 하리마에서 52만 석의 영지와 히메지성을 받았다. 또한 기후성과 세키가하라 본전에서 분투한 후쿠시마 마사노리는 오와리·기요스 24만 석에서 아키·히로시마 49만 석으로 늘었을 뿐이다. 아무리 봐도 데루마사를 더 후하게 포상했다. 이 처우는 전공만으로는 설명하기 어렵다.

가모 히데유키의 경우는 더 극단적이다. 히데유키의 부친인 우지사토는 도호쿠 지방을 통제한 공을 인정받아 아이즈에서 92만 석을 받았다. 다만 그는 마흔 살의 젊은 나이에 병사하여 그 뒤를 열세 살의 히데유키가 이어받았다. 그런데 청년 히데유키는 가문을 장악하지 못하여 우쓰노미야 18만 석으로 좌천되었다. 그 아내가 이에야스의 셋째 딸인 세 살 연상의 후리히메振姬다(아이즈 영주 시절의 히데유키와 약혼하여 우쓰노미야로 좌천된 16세의 히데유키와 결혼했다).

부친인 우지사토는 마에다 도시이에와 친했고, 이에야스에게는 대항 의식을 갖고 있었던 듯하다. 그러나 히데유키는 동군에 붙었다. 좌천에 대한 원한도 있었을 테고 아내의 아버지였기 때문이기도 했을 것이다. 히데유키에게 주어진 역할은 아이즈의 우에스기를 견제하며 우쓰노미야를 굳게 방비하는 일이었다.

우에스기가는 앞에서도 언급한 것처럼 남진 정책을 취하지 않고, 북쪽의 모가미령을 공격했다. 따라서 히데유키는 전혀 싸우지 않았다. 즉 포상은 '제로'가 기본이다. 그런데도 아이즈 60만 석을 하사받은 히데유키는 옛 영지로 복귀했다. 92만 석에서 18만 석의 대규모 감봉이 전제였더라도 지나칠 정도로 후한 포상이다. 히데유키가 이에야스의 사위가 아니었더라면 이런 대우는 받지 못했을 것이다.

그러므로 기요마사도 이에야스의 사위였기 때문에 봉록이 크게 늘어난 것이 아닐까? 이것이 내 추론이다. 그런데 여기서 잠깐, 기요마사의 아내는 이에야스의 진짜 딸이었을까? 그에 관한 이야기는 뒤에서 하기로 하자.

기요마사가 전면에 내세운 공적 '전략'

가토 기요마사가 도쿠가와 이에야스의 사위라고 말하면 역사를 잘 아는 사람은 '그랬나?' 하고 고개를 갸웃거릴 수 있다. 하지만 기요마사는 분명 이에야스의 딸을 아내로 삼았다. 다만 그녀는 이에야스의 양녀로서, 법명은 세조인清浄院이다. 미카와·가리야의 성주인 미즈노 다다시게水野忠重(도쿠가와 이에야스의 모친인 오다이노카타お大の方의 남동생)의 딸로, 1599년에 홀아비인 기요마사에게 시집을 갔다. 기요마사가 죽은 후에도 구마모토성에 남았고, 1만 석의 지참금이 하사되었으므로 도쿠가와 막부와의 관계를 배려하여 귀한 대접을 받았던 것으로 보인다.

아울러 기요마사의 전처는 야마자키 가타이에山崎片家라는 인물의 딸이다. 가타이에와 야마자키가는 비록 규모는 작았지만 영주로서 살아남았다. 가타이에의 손자인 이에하루家治 때에 시마바라의 난島原の亂으로 황폐해진 아마쿠사의 영주가 되어 부흥에 최선을 다했고, 그 공을 인정받아 사누키·마루가메 5만3000석으로 늘어났다. 하지만 이에하루의 손자인 하루요리治頼가 여덟 살에 죽으면서 야마자키가는 몰락했다. 그 후 마루가메 6만 석을 받은 것이 교고쿠 다카쓰구의 손자인 다카카즈高和다.

1606년에 기요마사는 서신을 보냈다. 받는 이는 우에노·다테바야시 10만 석의 주인 사카키바라 야스카스였다. 17세의 야스카스는 전년에 기요마사의 딸인 8세의 '아마ぁま'와 혼인한 직후였다. 기요마사는 사위가 된 젊은 주인에게 아마와 생모인 조코인에게 선물을 보낼 때의 주의사항을 구체적으로 가르쳤다. 현대어로 번역하면 다음과 같다.

딸(아마)의 생모(조코인)에게 많은 선물을 보냈는데, 누구의 지시였는가? 불필요한 일이었다. 딸(아마)의 모친은 공적으로는 나의 정실(세조인)이다. 생모는 앞에 나서지 않는다. 생모와 딸의 관계는 '내밀한 일'이기 때문에 선물은 보낼 필요가 없다.

딸의 모친으로서 자네(야스카스)에게 정식으로 인사하고 싶다고 아내(세조인)가 말했는데, 어쩌다보니 늦어졌다. 그 사이에 이렇게 곤혹스러운 선물을 자네가 (생모에게) 보냈다.

해야 할 일은 내 쪽에서 지시하겠다. 봄이 되면 아내(세조인)가 정식으로 인사할 것이다. 생모와의 교류와 관련해서는 모쪼록 정실과 인사를 나눈 후에 오사카에 있는 생모(조코인)와 의논해주기 바란다. (정실과의 교류가 없는 상태에서는) 생모에게 선물을 보내거나 해서는 안 된다.

인간관계를 정리해보자(미즈노 가쓰시水野勝之·후쿠다 마사히데福田正秀, 『가토 기요마사 '처자'에 관한 연구加藤清正「妻子」の研究』). 기요마사에게는 조코인浄光院이라는 법명의 측실이 있었는데, 히데요시의 명으로 조선에 출병할 때 그녀를 데리고 갔다. 임신한 조코인은 가토군이 철수하는 도중에 기요마사의 장녀를 낳았다. 그 딸이 아마히메あま姫다. 사카키바라 야스카스는 '도쿠가와 사천왕'의 한 명으로 이에마사의 적자인데, 26세의 나이에 사망했다. 18세였던 아마는 오사카성의 관리자였던 아베 마사쓰구阿部正次의 적자인 마사즈미政澄에게 재가했다. 후일 로주老中(에도 막부의 직위 중 하나—옮긴이)까지 출세한 마사요시正能를 낳았다. 아마는 생모인 조코인을 모셔와 아베가에서 함께 살았다.

아마히메의 공식적인 모친은 측실인 생모가 아니라 혈연관계가 없는 정실이다. 공식적인 모친인 정실과 인사하기 전에는 생모와 교류하지 말라는 것이 기요마사의 지시였다.

측실보다 정실이 중요하며, 그 정실도 사실은 소영주인 미즈노 다다시게의 딸이지만 공적으로는 이에야스의 딸이다. 기요마사는 공적인 면을 전면에 내세워 '이에야스의 사위'로서 행동함으로써 세키가하라 전투에서 큰 포상을 받은 것이 아닐까?

왜 도쿠가와는 인척인 교고쿠 다카쓰구를 홀대했는가

도쿠가와 이에야스의 논공행상은 역대 가신에게는 야박했지만, 인척에게는 후했다는 점을 지적해왔다. 그런데 조금 이상하다. 교고쿠 다카쓰구의 아내인 하쓰(조코인)와 도쿠가와 히데타다의 아내인 고가 동복자매인 사실은 유명하다. 그런데 다카쓰구의 공적에는 더욱 엄격한 잣대가 들이댄 듯 보인다. 왜 그랬을까?

그 첫 번째 이유는 히데타다가 세키가하라 전투에 늦어 참전하지 못했기 때문일 것이다. 히데타다는 정작 세키가하라 본 전투에 참전하지 못했다. 그래서 논공행상에서도 히데타다의 뜻은 받아들여지지 않았다. 두 번째 이유는 도쿠가와가의 정치적인 특징으로, 이 시기에 도쿠가와가의 의사결정권은 오로지 당주인 이에야스가 쥐었을 것이다. 히데타다는 후계자로서 대우받았지만, 중요 사항의 결정에는 영향력을 행사할 수 없었다. 다카쓰구의 경시는 그러한 사실을 증명한다고 볼 수 있다.

다카쓰구와 하쓰 사이에는 자식이 없었다. 하쓰는 측실이 낳은 다카쓰구의 장자인 다다다카忠高의 양육에 적극적으로 관여했다고 한다. 또한 여동생 고가 낳은 히데타다의 넷째 딸을 양녀로 들여 다다다카와 혼인시켰다. 1634년에 부친에게 와카사오바마를 양도받은 다다다카는 이즈모와 오키 두 영지의 26만 석으로 늘었다. 그곳은 교고쿠가가 무로마치 시대에 방비하던 지역이다. 게다가 이와미에 있는 은광도 맡게 되었다.

역시 도쿠가와가의 인척으로 후한 대접을 받았다고 생각했지만, 신경 쓰이는 점이 한 가지 있다. 다다다카와 히데타다의 넷째 딸(이 여성의 이름도 하쓰)은 금슬이 나빴던 것 같다. 자식은 없었고 1630년에 하쓰가 29세로 사망했을 때 다다다카는 임종을 보지 않고 사가미로 놀러갔다고 한다. 그래서 세력가인 히데타다의 분노를 샀다. 하쓰의 장례는 히데타다가 도쿠가와가와 인연이 깊은 고이시카와 덴즈인에서 치러졌는데, 다다다카를 비롯한 교고쿠가 사람들은 장례에 출석을 금지당했다.

그렇게 되면 도쿠가와가와의 인척관계를 운운해봤자 별 의미가 없는 것 같다. 게다가 히데타다와 이에미쓰는 사이가 나빴다고도 하니 말이다. 히데타다를 분노케 한 것은 이에미쓰에게는 통쾌한 일이었던가? 히데타다의 사망이 1632년, 다다다카의 녹봉이 늘어난 것이 1634년이라는 점도 마음에 걸린다. 솔직히 이 부근의 이야기는 잘 모르겠다. 어쨌든 여동생 덕분에 출세한 '반딧불 영주' 다카쓰구는 세키가하라의 논공행상에서는 인척 중심의 파벌과는 상관이 없는 것으로 평가되었다.

그렇다면 다카쓰구는 누구와 비교해야 할까? 아, 이미

잊어버렸겠지만, 한동안 이야기의 주제는 서군 1만5000명의 군사를 오즈성에 묶어놓은 다카쓰구에 대한 포상, 즉 오즈 6만 석에서 와카사 9만 석으로의 증가를 어떻게 평가해야 할 것인가였다. 그리고 다카쓰구에 대한 포상을 다른 영주들과 비교해서 살펴보았다.

그러다 문득 다나베성의 호소카와 유사이, 그리고 후시미성의 도리이 모토타다와 비교하면 좋을 것 같다는 생각이 들었다. 두 사람 모두 서군으로 둘러싸인 가운데 성안에서 농성전을 펼쳤다. 유사이는 오랫동안 서군의 발을 묶었고, 모토타다는 아시다시피 장렬하게 전사했다. 이 두 무장의 사례와 다카쓰구를 비교해보면 어떨까? 이에 대해서는 다음 장에서 자세히 설명하기로 하자.

덤으로 한 가지 더 말하겠다. 히코네를 방문했을 때 현지인에게 들은 이야기다. 현재 국보로 지정된 히코네성의 망루가 오즈성의 망루를 옮겨온 것일 가능성이 높다고 한다. 다만 원래 모습 그대로를 옮겨온 것이 아니라 오즈성 망루를 일단 해체하여 목재를 히코네에 옮긴 후 새롭게 설계해서 만들었다고 한다. 공부가 되었다.

제11장

도리이 대 이이
역대 가신들의 다툼

전쟁의 서막을 올린 후시미성 공방전

1600년 6월 16일 아이즈 정벌을 위해 오사카성을 출진한 도쿠가와 이에야스는 일단 후시미성에 입성했다. 이때의 이에야스는 "넓게 자리한 안채에 홀로 서서 기분 좋게 사방을 둘러보며 싱글벙글 웃고 있었다"고 한다(『게초넨추보쿠사이키慶長年中卜齋記』). 자신이 부재하는 동안 이시다 미쓰나리 등이 군사를 일으키고, 그것을 토벌하여 천하를 제패하는 과정을 훤하게 예상하고 있었으리라.

이에야스는 도리이 모토타다에게 후시미성 사수를 명하며 1800명의 군사를 남기고 남하했다. 모토타다는 마쓰다이라가의 노신인 다다요시忠吉의 아들이었다. '마쓰다이라 다케치요松平竹千代(이에야스의 아명)' 시절부터 이에야스를 가까이에서 섬겼다. 형이 전사하자 후계를 이어 이에야스의 전투에는 반드시 종군했다. 오다와라 토벌 후에 시모우사·야하기(가토리시) 4만 석을 다스렸다.

7월 마침내 미쓰나리가 군사를 일으켰다. 17일 오사카성의 서쪽 외곽(이에야스의 거점이었다)을 점거한 미쓰나리 등 서군은 이튿날인 18일에 모토타다에게 후시미성을 내줄 것을 요구했다. 모토타다와 함께 성을 수비하던 기노시타 가쓰토시木下勝俊는 순순히 철수했지만, 모토타다는 단호하게 거부했다. 서군은 후시미성을 포위하고 공격을 개시했는데 그 군병은 4만 명에 이르렀다.

기노시타 가쓰토시는 조쇼시長嘯子라는 호로 알려진 가인이기도 했다. 아버지 쪽의 숙모가 기타노만도코로北政所(히데요시의 정실—옮긴이)다. 가쓰토시의 정실인 호센인宝泉院은 모리 요시나리森可成의 딸이었으므로 란마루蘭丸의 자매다. 호센인은 남편의 행동(말하자면 적 앞에서의 도망)에 격노하여 이혼을 선언했다고 한다. 세키가하라 전투 후에 영지인 와카사와 노치세야마성(오바마시)은 이에야스에게 몰수되었다. 그 후에 교고쿠 다카쓰구가 와카사에 들어가 오바마성의 건설에 착수했다. 또한 다카쓰구의 딸 중 한 명은 앞에서 언급한 야마자키 이에하루山崎家治(돌담이 멋진 마루가메성의 재건에 착수했다. 교고쿠가는 그 성주로서 안착했다)의 아내가 되었다.

가쓰토시와 반대의 행동을 취한 것이 사노 쓰나마사 佐野綱正라는 인물이다. 그는 도요토미 히데쓰구를 섬겼는데, 히데쓰구가 실각한 후에 이에야스의 신하가 되었다. 오사카성의 서쪽 외곽을 관할하며 3000석의 녹봉을 받았다. 세키가하라 전투에서는 서군에게 오사카성 서쪽 외곽을 빼앗기자 이에야스의 측실들을 데리고 오사카성 밖으로 나갔다. 그 후 그녀들을 지인에게 맡기고 후시미성에 입성하여 과감하게 싸우다 전사했다. 그야말로 무사의 귀감이 되는 행동이 아닌가. 사노가는 크게 포상을 받을 거라 생각했지만, 예상과 달리 측실을 지키지 않고 사사로이 공을 세우려 했다는 비난을 받았다. 멸문을 면하기는 했지만 2000여 석을 몰수당했다. 참으로 영지를 늘리기는 쉬운 일이 아닌 듯하다.

후시미성을 공격한 서군의 진용을 살펴보면 총대장은 우키타 히데이에, 부대장은 고바야카와 히데아키다. 그 밖에 모리 히데모토와 깃카와 히로이에의 모리군, 고니시 유키나가와 나베시마 가쓰시게鍋島勝茂의 규슈군, 조소카베 모리치카와 나쓰카 마사이에 등이다. 또한 도쿠가와 이에야스와 협약을 맺었다는 시마즈 요시히로가 1000여 명을 이끌고 수비 측에 합류하려고 했지만, 그 이야기가 도리이 모토타다에 전달되지 않아 입성을 거부당했다. 시마즈군은 부득이하게 서군에 합류했는데, 그 후 모든 전략을 거부당하고 세키가하라 본 전투에는 참전하지 않았다. 동군의 승리가 확정된 후에 동군을 공격하려다 퇴각한 이야기는 앞서 '시마즈의 퇴각'에서 이야기한 바와 같다.

2013년 9월에 시마 다케시토しまたけひと의 『패주기敗走記 1』이라는 만화가 출간되었다. 시마는 요시히로 일행이 지나간 길을 실제로 밟아보고 만화를 그렸다고 한다. 이 책을 읽는 사람들은 만화에는 취미가 없을지도 모르겠지만, 한번 읽어보기를 추천한다!

장렬한 죽음에 보답한 이에야스의 파격 포상

1600년 7월 18일, 대장 우키타 히데이에 휘하 4만 명이 후시미성을 공격했는데, 수비대는 도리이 모토타다를 대장으로 하는 1800명이었다. 수비대는 과감하게 응전하며 열흘이 넘도록 끈질기게 버텼다. 그러나 압도적인 병력의 차이는 아무래도 극복하기 어려워, 8월 1일 모토타다가 적장 스즈키 마고이치鈴木孫一의 손에 죽음을 맞고 성은 함락되었다.

스즈키(사이카雜賀) 마고이치라고 하면 곧바로 시바 료타로司馬遼太郎(일본의 소설가—옮긴이)의 소설이 떠오른다. 사사롭지만 나는 시바 료타로의 소설을 매우 좋아한다. 그중에서도 일본 최강의 무사집단인 '신센구미新選組'를 키운 히

지카타 도시조土方歲三의 일대기를 다룬 『타올라라 검燃えよ剣』과 사이카 마고이치를 다룬 『시리쿠라에마고이치尻啖え孫』를 가장 좋아한다. 말이 필요 없을 만큼 재미있다. 아직 읽기 전이라면 꼭 읽어보기를 권한다. 총을 자유자재로 다루는 마고이치는 소설의 세계에서 튀어나와 이제는 센고쿠 시대 비디오 게임의 인기 캐릭터가 되었다.

다만 연구자의 숙명으로서 한 말씀 드리자면 시바 료타로가 그리는 마고이치는 기슈 사이카의 영주인 스즈키 시게요키鈴木重意, 시게히데重秀, 시게토모重朝의 업적을 토대로 창조된 가공의 인물이다. 이 세 사람이 혈연관계였던 것은 분명하지만, 구체적으로 어떤 관계인지는 확실하지 않다. 애당초 '마고이치'를 자칭하고 있지만, 孫市가 아니라 孫一라고 한다.

모토타다를 토벌한 마고이치는 도요토미 히데요시를 섬겼던 시게토모重朝와 동일 인물이다. 세키가하라 전투 후 낭인 생활을 하다가 다테 마사무네 밑으로 들어가는데, 이후 마사무네의 소개로 도쿠가와 이에야스의 가신이 되었다. 나중에 미토의 도쿠가와 요리후사에게 보내졌다. 녹봉은 3000석. 아들인 시게쓰구에게 자녀가 없었기 때문에 주군인 요리후사의 열한 번째 아들인 시게요시重義(미토 미쓰쿠니水戶光圀의 이복동생)를 양자로 맞았다. 시게쓰구 시절에는 도리이 모토타다의 넷째 아들인 제베에瀨兵衛가 요리후사를 섬기는 등 은원을 넘어서 친밀한 관계를 유지했다고 한다.

후시미성에서 농성전을 펼친 군사들 중에는 기묘한 인물이 섞여 있었다. 간바야시 지쿠안上林竹庵으로 우지에서 차를 파는 간바야시 일족의 인물이다. 지쿠안은 마사시게政重라는 이름으로도 불리며, 미카와에 토지를 받은 이에야스의 가신이었다. 지쿠안은 미카와를 떠난 후에 우지로 돌아가 리큐에게 다도를 배우는 등 다도가로 살았다. 그러나 이시다 미쓰나리 등이 도쿠가와 토벌을 내세워 군사를 일으키자, 지쿠안은 옛 주군인 이에야스의 은혜에 보답하기 위해 후시미성에 입성하여 모토타다와 함께 전사했다. 필시 그의 헌신 덕분이기도 하겠지만, 간바야시가는 에도 시대 내내 도쿠가와 막부와 연이 닿은 차 도매상으로 번창했다. 현재의 녹차 음료 '료레이綾麗'의 개발에 애쓴 간바야시 하루마쓰 본점의 대표가 바로 이 가문이다.

이야기가 옆으로 샜는데, 다시 포상에 관한 이야기로 돌아가보자. 도리이 모토타다는 미카와 무사의 기골을 만천하에 드러냈다. 과연 이에야스는 이를 어떻게 보상했을까? 모토타다의 적자인 다다마사는 부친의 죽음으로 일단 시모우사 야하기(지바현 가토리시) 4만 석을 이어받았다. 전후에 다다마사에게 하사된 것은 무쓰의 이와키타이라(후쿠시마현 이와키시) 10만 석이었다. 역대 가신들에게는 인색했던 이에야스였기에 이 포상은 파격적이라 할 수 있다. 모토타다의 공을 그만큼 묵직하게 받아들인 대우라 할 것이다.

도리이가의 약진은 계속되었다. 1622년에 모가미가(57만 석)가 멸문당한 후 도리이가는 데와 야마가타 22만 석으로 늘어났다. 이 22만 석이라는 숫자는 역대 가신 중에는 히코네의 이이가(당시 25만 석, 후에 35만 석)를 뒤잇는 것이었다. 게다가 신조(야마가타현 신조시)의 영주가 된 도자와 마사노리戸沢政盛(6만 석)는 다다마사의 매제, 쇼나이(야마가타현 쓰루오카시)의 영주인 사카이 다다카쓰酒井忠勝(13만 8000석)는 사위였으며, 이로써 현재 야마가타현의 절반을 차지하는 '도리이 그룹'이 나오게 되었다. 다테 마사무네 등 도호쿠의 여러 영주에게는 도리이가를 감시하라는 명령이 내려졌다고 한다. (덧붙여, 역사 연구가인 스즈키 마사야鈴木眞哉로부터 스즈키 시게토모鈴木重朝에 대해 그가 다테 마사무네를 섬긴 사실이 없다는 등 다양한 가르침을 받았다. 이에 감사를 표한다.)

대가 끊기는 가문의 속출! 말기 양자가 금지된 이유

담당인 M군이 고개를 갸웃거리며 말했다. "앞에서 등장한 사노 쓰나마사는 이에야스의 측실을 데리고 오사카성에서 탈출했잖아요. 게다가 그녀들을 지인에게 맡기고 후시미성으로 들어가 장렬하게 전사했어요. 그런데도 자신의 임무(측실을 끝까지 지키는 일)를 도중에 포기했다고 녹봉이 대폭 삭감되었다니 어쩐지 이에야스답지 않은 방식이라는 생각이 듭니다."

확실히 그런 느낌이 든다. 노부나가라면 "자네들 가신은 도구에 불과하다. 도구가 스스로 판단하다니 건방지다!"라고 일갈했을 수도 있다. 그러나 이에야스는 인색하기는 해도 공적을 쌓으면 확실히 보상했다. 감정에 휘둘리지 않고 냉정하게 판단했다. 그런데 쓰나마사에게는 왜 그랬을까? 혹시 나중에 측실들이 "전하, 쓰나마사가 불손한 시선으로 저를 봤어요" "쓸데없이 제 손을 잡았어요"라고 호소했던 걸까? 물론 있을 수 없는 일은 아니지만 지나친 상상이려나.

그럼, 계속해서 살펴보자. 후시미성에서 전력을 다한 도리이 모토타다의 아들인 다다마사는 1622년에 22만 석의 영지를 받았다. 그로부터 2년 전에는 도쿠가와 히데타다가 신뢰한 용장인 다치바나 무네시게가 옛 영지인 지쿠고 야나가와로 복귀했다(10만9200석. 무쓰 다나쿠라 3만5000석에서 증가). 또한 같은 1622년에 마찬가지로 히데타다의 총애를 받던 니와 나가시게(세키가하라 전투에서는 마에다가에 도전하여 분전)가 히타치 에도사키 2만 석에서 무쓰 다나쿠라 5만 석으로 영지가 늘었다. 분명 이때 히데타다의 색을 강하게 드러낸 인사가 왕성했다는 사실을 감안하면 도리이

모토타다의 공적을 높이 평가한 것은 세키가하라 본 전투에 참전하지 못해 아쉬워한 히데타다 자신이었을 것이다.

역대 가신 중 두 번째였던 다다마사는 1628년에 사망하고, 그 뒤를 장남인 다다쓰네가 이어받았다. 그런데 병약한 다다쓰네는 자식을 보지 못한 채 1636년에 33세의 나이로 사망했다. 다다쓰네는 데와신조령(야마가타현 신조시, 6만 석)에 양자로 들어간 동복동생인 도자와 사다모리戸沢定盛에게 영지를 상속한다는 유언을 남겼지만, 이는 막부의 말기 양자 금지령에 저촉되었다.

말기 양자란, 후계가 없는 무가의 당주가 죽음에 직면하여 가문의 대가 끊기지 않도록 급하게 맞아들이는 양자를 말한다. 당주가 사망했는데도 주위 사람들이 그러한 사실을 숨기고 당주의 이름으로 양자 결연을 맺는 폐해를 낳기도 했다.

에도 시대 초기에 에도 막부는 영주가의 말기 양자를 금지했다. 영주의 후계자가 되려면 사전에 신고해야 하고, 나아가 쇼군을 알현하도록 의무화했다. 이렇게까지 하게 된 이유는 당주의 의사를 확인하지 않고도 말기 양자를 들일 수 있었기 때문이다. 극단적인 경우, 가신들이 공모하여 당주를 암살하고 자신들의 뜻에 따라 당주로 바꿔버릴지도 모른다.

다만 이는 표면적인 이유고, 실제로는 되도록 많은 영

주를 없애려는 것이 막부의 의도였다. 그러려면 구실은 가능한 한 많은 편이 좋았던 것이다. 후계자가 없어서 대가 끊긴 예로는 나카무라 가즈타다中村一忠(호키 요나고, 17만 5000석), 다나카 다다마사田中忠政(지쿠고 야나가와, 32만 5000석), 호리오 다다하루堀尾忠晴(이즈모 마쓰에, 24만 석), 가모 다다토모蒲生忠知(이요 마쓰야마, 24만 석) 등을 들 수 있다.

도리이가도 이 말기 양자 금지령에 의해 가문이 스러지고 말았다. 그런데 그 과정이 아무래도 석연치 않다. 이에 대해서는 뒤에서 이야기하기로 하자.

가문이 두 번이나 망한 도리이가

후시미성에서 무훈을 세운 도리이 모토타다의 자식인 다다마사는 데와 야마가타 22만 석(검지 후에는 24만 석)의 넓은 영지를 하사받았다. 다다마사는 꽤 엄격하게 영지를 다스렸기 때문에 백성에게 "이전 영주인 모가미 님이 그립다"는 원망의 소리를 들었다. 하지만 '낡은(중세적인)' 야마가타에 종지부를 찍고, 현대로 이어지는 야마가타시의 원형을 만들었다는 긍정적인 평가를 받기도 한다.

7년 동안 영지를 다스렸던 다다마사가 죽자 아들인 다다쓰네가 이어받았다. 병약했던 그는 자식을 남기지 못한 채 8년 후인 1636년에 사망했다. 이복동생인 도자와 사다

모리에게 가문을 상속한다는 유언을 남겼지만, 말기 양자 금지령에 의해 이 상속은 인정받지 못했다. 이렇게 도리이가는 일단 망했지만, 모토타다의 충의를 안타깝게 여겨 다다쓰네의 이복동생인 다다하루忠春에게 시나노 다카토(3만여 석)를 하사했다.

처음에 다다하루는 잃어버린 영지를 되찾기 위해 갖은 노력을 한 듯하다. 그런데 그것이 헛수고로 끝나자 어리석은 군주로 변모했다. 어이없는 이야기지만, 그 기분을 이해하지 못하는 것도 아니다. 결국 폭군의 횡포에 반발한(공식적으로는 정신이 병든) 주치의의 칼에 베이는데 이때 입은 부상이 원인이 되어 40세에 사망했다.

다다하루의 아들인 다카노리忠則도 부친처럼 어리석은 군주였던 듯 그와 관련된 좋지 않은 일화가 여럿 전해진다. 게다가 1689년에 에도성의 바바사키몬에서 그의 가신이 다른 무사의 저택을 노린 죄로 체포되었다. 그 죄는 주인에게까지 여파를 미쳐 다카노리는 집안을 단속하지 못했다는 이유로 폐문을 당하고, 칩거를 명령받았다. 어쩐지 기묘한 사건이었는데, 다카노리는 폐문 중 44세에 급사했다. 일설에는 자결했다고도 한다. 앞의 가신은 혀를 물고 자살했기 때문에 진상이 어둠에 묻혔는데, 다카노리의 죽음은 어딘지 모르게 자연스럽지 못하다.

막부는 어디까지나 다카노리가 집안을 단속하지 못했다

고 비난하며 상속을 인정하지 않았다. 도리이가는 이렇게 두 번째로 멸문을 당했다. 그런데 막부는 여기서 다시 한 번 모토타다의 후시미성에서의 충절을 떠올렸다. 명예로운 가문의 소멸을 안타까워한 막부는 특례로서 다카노리의 아들인 다다테루忠英에게 노토의 1만 석을 주고 노토 시모촌을 다스리게 했다. 다다테루는 영리한 군주로, 후일 와카도시요리若年寄(장로의 뒤를 잇는 에도 막부의 중직—옮긴이)로 출세하여 시모노 미부 3만 석의 영주가 되었다. 비로소 도리이가는 안정을 찾고 미부의 영주로서 메이지유신까지 이어졌다.

도리이가가 파란만장의 역사를 걸을 수밖에 없었던 이유는 애당초 다다쓰네 이후에 상속이 좌절되어 영지를 몰수당했기(첫 번째) 때문이다. 여기에서 큰 역할을 담당한 것은 당시 다이세산요大政参与(에도 막부의 직제 중 하나로 막부 정권의 중요한 과제에 관여, 주도한 임시직—옮긴이)를 맡고 있던 이이 나오타카井伊直孝였다. 『간세초슈쇼카후寛政重修諸家譜』(에도 막부가 편찬한 영주와 무사의 계보집—옮긴이)에 "후계를 확실하게 정하여 막부에 신고하지 않은 것은 나라의 중요한 법을 거역하고, 주군을 경시한 행위나 다름없다. 그러한 가문을 벌하지 않는다면 앞으로 그와 같은 죄를 짓는 무사들을 벌할 수 없게 될 것이다"라는 나오타카의 말이 기록되어 있다. 이렇게 해서 일단 도리이가의 멸문이 실행

된 것이다.

신흥 영주 이야기였다면 이해할 수 있다. 막부도 선뜻 나서서 없애버리려 했을 것이다. 하지만 도리이가는 미카와 이래 역대 가신이었다. 어째서 그렇게까지 괴롭혔을까? 이이는 역대 가신 중 가장 많은 녹봉을 받는 무가였고, 그 뒤를 잇는 것이 도리이가였다. 말하자면, 이이와 도리이는 어깨를 나란히 하는 가문이었다. 게다가 도리이 다다마사의 딸은 나오타카의 형인 나오카즈의 정실이었다. 나오타카는 일부러 인척을 엄하게 문책하여 나라의 기장을 바로잡으려 했던 것일까? 글쎄, 그런 것만은 아닌 것 같다.

이에야스와 중신의 후계자 선정 회의?

도쿠가와 이에야스의 장남인 노부야스信康는 잘 알려진 바와 같이 오다 노부나가의 명으로 할복자살했다. 1579년의 일이다. 그런데 그게 아니라 도토미 하마마쓰성의 이에야스와 미카와 오카자키성의 노부야스는 심각하게 대립했고, 노부야스의 자결은 다름 아닌 이에야스의 의지였다는 설도 제기되고 있다. 하지만 그것이 정설일까?

세키가하라 전투 후에 누구를 이에야스의 후계자로 정할지 이에야스와 중신들 간에 회의가 열렸다는 이야기가 있다. 장남 노부야스는 죽고 없었으므로, 후보자는 둘째 히데야스와 셋째 히데타다, 넷째 다다요시忠吉였다. 히데야스는 나이가 가장 많았지만, 부친에게 사랑받지 못했을 뿐 아니라 일찍부터 도요토미 히데요시에게 인질로 잡혀 있었기 때문에 히데야스를 추천하는 중신은 없었다. 그리고 히데타다는 평소 적자로 취급받았지만 세키가하라 본 전투에 참전하지 못하여 점수가 크게 깎인 상태였다.

이에 반해 다다요시는 후쿠시마 마사노리를 제치고 이이 나오마사와 함께 서군과의 전투에 도화선을 지폈다. 그래서 명예를 드높인 가운데 나오마사가 다다요시를 후계자로 강력히 추천했다. 하지만 사카키바라 야스마사가 히데타다를 옹호하는 데 일조하면서 결국에는 히데타다가 후계자로 정해졌다는 것이다. 다만 히데타다가 후계자라는 사실은 이미 널리 인정되었기 때문에 이 이야기를 역사적 사실로 보기는 조금 어렵다. 그러나 실제로 나오마사와 다다요시의 관계는 상당히 깊었던 듯하다.

마쓰다이라 다다요시松平忠吉는 1580년에 하마마쓰에서 태어났다. 모친은 히데타다와 같은 사이고노쓰보네西鄉局다. 이듬해 도조마쓰다이라東條松平가를 이어받아 미카와·도조 1만 석, 스루가 누마즈 4만 석 등의 영지를 다스렸다. 이에야스가 간토로 옮기자 무사시·오시 10만 석의 성주가 되었고, 성인식을 마친 후에는 다다요시로 개명했다. 세키가하라 전투 후에는 오와리 기요스 52만 석을 받았는데,

1607년에 28세로 사망했다. 기요스 52만 석은 이복동생인 요시나오義直에게 양도되었고, 이것은 도쿠가와 삼가德川御三家의 하나인 오와리 나고야령이 되었다.

어린 다다요시의 후견인이 바로 마쓰다이라 야스치카松平康親, 야스시게康重 부자였다. 이 마쓰다이라가는 본래는 미카와의 영주인 마쓰이가인데, 도조마쓰다이라가의 가신으로서 무공을 세워 마쓰다이라를 자처할 수 있게 되었다. 야스치카는 누마즈의 성주였던 다다요시를 지키며 오다와라 호조가와 대치하는 도중에 병사했다. 그 뒤를 이은 야스시게는 후에 단바·시노야마 5만 석의 영주가 되었다. 야스시게의 자손인 '마쓰이마쓰다이라가'의 가계는 막부 요직에 오르는 인물들을 배출하고, 여러 영지를 이동하면서(이와미·하마다 영주가 장기) 메이지유신까지 이어졌다.

이이 나오마사의 경우를 보면 그의 딸은 마쓰다이라 다다요시의 정실이 되었다. 아울러 나오마사의 정실은 야스시게의 여동생인 도바이인唐梅院(이름은 하나花라고 한다)이었다. 나오마사와 도바이인 사이에는 1590년 2월에 아들이 태어났다. 이 아들은 아명이 아버지와 같은 만치요였으며 후일 나오카즈로 불렸다.

그런데 같은 달에 나오마사에게 또 한 명의 아들이 태어났다. 아명은 벤노스케弁之助, 후일의 나오타카다. 나오타카의 생모인 인구시印具氏는 도바이인의 시녀였다는 설이 있는데, 정실의 입장을 배려한 나오마사는 나오타카를 당시의 거성인 우에노·미노와 성내로 들이지 않고 만나지도 않았다. 두 부자가 대면한 것은 놀랍게도 나오마사가 죽기 전인 1601년이었다고 한다. 왜 그렇게까지 도바이인을 배려했을까?

이이 나오마사가 정실을 무서워한 이유

이이 나오마사는 정실이 아닌 여인에게서 낳은 아들을 성 밖에서 기르게 하고 성안으로 들이지 않았다. 게다가 죽기 전까지는 만나지도 않았다. 정실인 도바이인을 배려했기 때문이다. 그렇게까지 도바이인을 배려한(무서워했다고 해도 좋을 정도다) 이유는 그녀가 이에야스의 양녀였기 때문이라고밖에는 설명할 수가 없다. 도바이인은 1582년에 이에야스의 양녀가 되었고 그 2년 후에 나오마사에게 시집갔다.

그런데 여기서 새로운 의문이 생긴다. 이에야스는 어떤 이유로 도바이인을 양녀로 들였을까? 앞서 언급한 가토 기요마사의 경우처럼 후일 이에야스는 신흥 영주와 혼인 등을 통해 인척관계를 맺었다. 이때 중요한 존재가 친딸을 대신하는 양녀였다. 이에야스는 다소나마 혈연관계에 있는 여성을 양녀로 맞아 신흥 영주들과 결혼시켰다. 하지만 도바이인을 양녀로 맞았을 때 도쿠가와가는 더 이상 그런 식의 혼인을 하지 않았다. 게다가 도바이인은 이에야스와 혈연관계가 아닐 뿐더러 가문의 세력도 그리 크지 않았다. 도바이인의 친가, 즉 마쓰이마쓰다이라가는 도조마쓰다이라가의 가신이었다. 말하자면, 도쿠가와 종가의 가신(도조마쓰다이라)의 아래 가신인 것이다. 그런 가문의 딸을 굳이 양녀로 들인 이유는 뭘까?

정확히 답한다면, 역시 다른 가문과 인척관계를 맺기 위해서려나. 1582년은 오다 노부나가가 죽고 이에야스가 자력으로 주변을 제압하기 시작한 시기다. 전략의 수단으로서 정략결혼이 강구되었고, 그를 위한 양녀가 필요했다. 그러나 결국 도바이인은 다른 가문에 보내지지 않고 이이 나오마사의 아내가 되었다는 시나리오다. 다만 그렇게 평범한 사정이라면 나오마사가 그렇게까지 도바이인을 배려했을까?

그래서 상상해보았다. 도바이인은 이에야스의, 말하자면 '정인'이었던 것은 아닐까? 증거는 전혀 없다. 하지만 그런 생각이 든다. 이에야스에게는 현대식으로 말하자면 '롤리타 콤플렉스'가 있어 어린 여성을 좋아한 것이다. 앞서 오카지노카타(에쇼인)라는 여성을 소개했는데, 그녀는 젊은 나이에 이에야스의 측실이 되었다가 후일 마쓰다이라(오코치 大河內) 마사쓰나에게 보내졌다. 오카지노카타는 이에야스에게로 돌아갔지만, 그녀의 선배 격인 도바이인은 이이가에 머물렀다. 그러면 모든 것이 설명된다.

증거는 없다고 말했지만, 도바이인의 남동생에 해당하는 마쓰다이라 야스시게가 '이에야스의 사생아'라는 설이 있다. 앞서 살펴본 것처럼 마쓰이마쓰다이라가는 '인척에게 인색'하다는 이에야스에게서 5만 석의 영지를 받았고, 막부의 요직에 올라 에도 막부 말기까지 존속했다. 후한 대접을 받은 것이다. 그것이 '야스시게가 이에야스의 사생아'라는 설로 연결되는데, 도바이인이 이에야스의 총애를 받았다고 하면 사생아라는 등의 염문이 아니더라도 마쓰이마쓰다이라가가 받은 후대를 설명할 수 있다.

아무튼 도바이인에 대해서는 차치하고, 1602년에 나오마사가 사망했을 때, 이이가에는 나이가 같은 열세 살 사내아이가 두 명 남아 있었다. 형은 도바이인이 낳은 나오쓰구直繼(후일의 나오카쓰直勝), 아우는 1601년에 겨우 아버지와 대면한 나오타카다. 물론 적자는 나오쓰구로, 사와야마 18만 석을 이어받아 히코네의 성과 주변 마을의 건설에 착수했다.

그런데 이 시기에 이이가의 내부는 심각하게 대립하고 있었다. 앞서 도토미·이이노야 영주 시절의 이이가에 대해 이야기할 때도 언급했지만(여성주인 이이 나오토라), 이 시기부터 고참 가신과 나오마사가 출세하는 과정에서 새롭게 부상한 가신들이 부딪치기 시작했다. 그 다툼이 형제의 운명에 깊은 영향을 미치게 되었다.

용감무쌍한 이이가 '아카조나에'의 유래

이이가의 초대 나오마사 시절에는 가신들 사이에 잠재적인 대립이 존재했던 듯하다. 한쪽은 이이가가 도토미·이이노야의 영주였던 시절부터 있었던, 말하자면 '옛' 가신들이고, 다른 한쪽은 나오마사가 도쿠가와 이에야스를 섬기며 출세하는 과정에서 채용된 '새' 가신들이다. 이이가는 주홍색의 무구를 두르고 용맹하게 싸우는 '아카조나에赤備之'(센고쿠 시대의 군대—옮긴이)로 유명한데, 본래 이 적색은 센고쿠 시대 최강이었던 가이·다케다가에서 유래한다. 신겐의 중신인 야마가타 마사카게(나가시노 전투에서 전사) 부대의 무구와 깃발이 빨간색이었다.

신겐을 존경한 이에야스는 다케다가의 옛 가신 대부분을 포용하여 이이가에 배속시켰다. 그렇게 해서 이이가의 '아카조나에'가 탄생했다. 그러므로 도쿠가와군의 선봉에 선 '용감무쌍한 이이가 군대'의 정체성은 신참 가신들에 의해 만들어졌다고 할 수 있다. 예로부터의 유서를 중시한 이 시대에는 보통 주군을 오랫동안 섬겨온 가신들이 세력을 떨쳤다. 예를 들어 에도 막부의 연중행사, 무사 근무의 내규, 격식 등을 기록한 문서인 『류에비감柳営秘鑑』에서 도쿠가와 가신단은 최고참이 안조安祥, 오카자키, 스루가 순서고, 사카이, 오쿠보, 혼다 등 안조의 역대 가신들이 중시되었다.

그러나 이이가는 사정이 조금 달랐는지도 모른다.

나오마사는 자신도 헌신적으로 이에야스를 섬겼지만, 가신들에게도 가혹한 봉공을 요구하는 두려운 주군이었다. 어찌나 엄격했던지 이이가를 떠나고 싶다고 이에야스에게 직접 하소연하는 가신들도 있었고, 비겁한 행동을 했다고 하여 죽임을 당한 이도 적지 않았다고 한다. 다만 그것이 나오마사의 성격이었는지, 그렇게 하지 않으면 가내를 통제하기 어려웠던 것인지는 알 수 없다. 아무튼 나오마사가 살아 있는 동안 가신들은 조용히 그를 따랐다. 그런데 그가 죽자 대립이 심화된 것이다.

서쪽 영지를 방비하는 이이가의 내분은 도쿠가와 막부로서도 썩 마땅치 않은 일이었다. 그래서 오사카 전투를 기회로 막부는 과감한 개혁에 나섰는데, 병약한 형인 나오쓰구를 제쳐두고 아우인 나오타카를 이이군의 대장으로 지명했다. 나오쓰구에게는 이이가의 영지 중 우에노 안나카 3만 석을 나눠주고, 나머지 히코네 15만 석은 나오타카에게 주었다. 그리하여 이이노야 이후의 고참 가신은 안나카에, 신흥 영주들은 히코네에 속하게 되었다. 나오쓰구는 나오카쓰直勝로 개명했는데, 아마도 '쓰구継ぐ(잇다)'라는 뉘앙스가 꺼려졌을 것이다. 아울러 2대 당주라는 직함도 말소되었다. 후세 이이가의 역사에서 나오쓰구는 당주에 포함되지 않는다.

안나카의 나오카쓰에게 주어진 역할은 주변 일대의 수비였는데, 오사카 전투는 오사카성을 함락시키기 위한 싸움이었기 때문에 지리적인 조건으로 보면 나오카쓰가 할 일은 없는 것이나 다름없었다. 그 나오카쓰를 무시하며 이이가 본대를 이끈 나오타카는 대활약을 펼쳤다. 오사카의 여름 전투에서는 도도 다카토라와 함께 선봉을 맡아 오사카 쪽의 기무라 시게나리, 조소카베 모리치카의 부대를 격파했다(야오·와카에 전투八尾·若江の戰い). 이어서 오사카성의 산촌 별장을 포위하여 요도도노淀殿(히데요시의 측실—옮긴이), 도요토미 히데요리를 자결로 몰아넣었다. 가장 높은 공적을 쌓았다 하여 5만 석을 하사받았다.

이후 나오타카의 삶은 순풍에 돛을 단 듯했다. 그는 도쿠가와 히데타다에게 두터운 신뢰를 받으며 5만 석을 더 하사받았다. 히데타다는 임종 시에 나오타카와 마쓰다이라 다다아키라(이에야스의 장녀, 가메히메亀姫의 자식)를 가까이 불러 다음 대인 이에미쓰의 후견인 역할을 맡겼다. 이것은 다이세산요大政參與라 불리는 직위로, 다이로大老職(쇼군의 보좌역—옮긴이)의 원형이라고 한다(다른 설도 있다). 그 후 나오타카는 이에미쓰에게도 신임을 받아 다시 영지 5만 석이 증가했다. 히코네는 나아가 막부 직할지의 미곡 2만 석(검지 후 5만 석)을 하사받아 총 35만 석이 되었다. 어쨌든 나오타카는 오사카 전투의 포상을 포함하여 15만 석을 벌어들였다. 나오타카 외에는 이런 사례가 없다.

'근육질의 사나이'를 좋아한 히데타다

이이 나오타카는 역대 영주의 수장으로 막부 정치를 주도하고, 1659년에 70세로 사망했다. 한편 나오카쓰(나오쓰구에서 개명)는 우에노 안나카 3만 석의 영주로서 73세까지 살았다. 병약하다는 이유로 히코네 영주의 자리에서 밀려난 나오카쓰가 더 오래 산 것이다. 아이러니한 이야기다.

히코네(영주는 나오타카와 마찬가지로 대대로 궁내성에 속한 영외관의 수장에 임명된다. 가몬노카미掃部頭가로 불린다)는 이후 5명의 다이로를 배출했고, 막부 말기의 나오스케直弼로 이어졌다. 나오스케가 사쿠라다몬가의 변櫻田門外の變(에도성 사쿠라다몬가이에서 나오스케가 암살당한 사건—옮긴이)으로 죽자 막부 정권을 혼란시킨 죄로 10만 석을 감봉당했다. 그 때문인지 다이세호칸大政奉還(에도 말기에 막부 15대 쇼군인 도쿠가와 요시노부德川慶喜가 메이지 천황에게 정권을 반환한 일—옮긴이) 후에는 깔끔하게 조정에 귀의하여 메이지유신 이후 백작이 되었다.

한편 안나카의 영주가 된 이이병부소보가井伊兵部少輔家(대대로 나오마사의 직명을 계승했다)는 안나카에서 미카와 니시미, 도토미 가케가와로 이동되었다. 나오카쓰의 증손자인 나오토모直朝는 병약하여 평민으로 전락했지만, 가몬노카미가에서 나오노리를 맞아 가문 부흥을 허락받고 2만 석의 에치고 요이타의 영주로서 가까스로 존속했다.

그런데 막부가 왜 나오타카를 히코네의 영주 자리에 앉혔는지 도통 그 이유를 모르겠다. 내 상상으로는(명확한 증거는 없지만 자신 있다) 나오카쓰의 모친이 이에야스의 애인이었다면 나오카쓰를 도왔을 것이다. 그러므로 첫째, 애인이라는 추측이 틀리다. 둘째, 나오카쓰가 가신들의 보좌로는 부족할 정도로 어리석었다. 둘 중 하나다.

다만 나오카쓰를 배제하고 나오타카를 영주로 지명한 것은 이에야스가 아니라 히데타다였던 것으로도 보인다. 근거는 나오타카의 경력이다. 나오타카는 나오마사의 사후에 에도에서 히데타다를 가까이에서 섬겼다. 1608년에 도쿠가와 직속 친위대의 대장이 되어 우에노·가리야도 5000석, 2년 후에는 우에노·시로이 1만 석의 영주가 되고, 그와 동시에 친위대의 대대장에 임명되었다. 또한 1613년에는 후시미성 수비를 맡는 등 히데타다 밑에서 두각을 나타냈다.

히데타다라는 인물은 앞서도 이야기했지만, 역전의 무력 투쟁파로 마초 기질을 좋아했다. 다치바나 무네시게, 니와 나가시게, 센고쿠 히데히사仙石秀久 등이 대표적이다. 어쩌면 히데타다의 부인인 고도 부친인 아자이 나가마사를 닮아 다부진 체격의 여인이었을지도 모른다.

이이가에는 나오타카의 초상이 남아 있는데 확실히 근육질의 사나이다. 게다가 언행 또한 보통이 아니다. 나가이 나오마사永井尚政(히데타다의 시동으로 시작하여 중요 가신이 되었다. 후일 야마시로요도에서 10만 석)가 처음 막부의 요직에 올랐을 때 나오타카에게 조언을 청했다. 당연히 정치 향방에 관한 내용이었을 것이다.

그런데 나오타카는 "방심하지 말라"고 답했다. 도적이 나타나면 주변의 무기로 즉시 응전하라. 먼저 창, 창이 없으면 칼, 칼이 없으면 호신용 단도, 단도가 없다면 몸으로 부딪쳐라. 남보다 앞서 적을 쓰러트리는 것이 중요하다고.

도대체 어떻게 그것이 막부 조정 중신의 마음가짐이 될까? 그러나 나오타카는 에도성 안에서 집무를 볼 때도 항상 전장에 있는 듯한 마음가짐을 잊지 말라고 말하는 근육질의 사나이, 좀더 멋있게 말하면 '예스럽고 정겨운 무사'였던 것이다. 히데타다는 그런 사람을 좋아했다.

'이야에스의 사생아설까지 나돈 수수께끼

이야기가 중구난방이 된 듯하니 다시 한 번 정리해보자.

• 이에야스의 넷째 아들인 다다요시는 도조마쓰다이라가를 잇고, 후에 오와리·기요스 52만 석의 영주가 되었다.

- 도조마쓰다이라가의 가신이었던 마쓰이가는 마쓰다이라라는 성을 받고, 야스시게는 이윽고 이즈미·기시와다 6만 석의 독립 영주가 되었다.
- 마쓰이마쓰다이라가의 딸(출가 후의 이름은 도바이인. 야스시게의 누나)은 도쿠가와 이에야스의 양녀가 되고, 2년 후에 이이 나오마사에 시집갔다. 나오마사는 다른 여인과의 사이에서 낳은 아들(후일의 나오타카)을 받아들이지 않는 등 도바이인을 크게 배려했다.
- 나오마사의 딸은 마쓰다이라 다다요시의 정실이 되었다.
- 마쓰다이라 야스시게에게는 이에야스의 사생아라는 설이 있다.

현존하는 천수각으로 유명한 이누야마성(아이치현 이누야마시. 별명은 하쿠테성)의 성주는 나루세成瀬가다. 그 실질적인 초대 당주인 나루세 마사나리成瀬正成는 어린 시절부터 이에야스를 측근에서 섬겼고, 이에야스가 쇼군의 자리를 물려주고 은거한 시절에는 그의 중요 가신이 되었다. 도쿠가와 요시나오德川義直의 오와리령이 성립하자 그의 간절한 청에 따라 요시나오의 가신이 되어 3만 석을 하사받았다.

마사나리와 경력이 비슷한 인물은 안도 나오쓰구安藤直次다. 그도 일찍부터 이에야스를 섬겼고, 고마키·나가쿠테와 세키가하라 전투에서 활약했다. 마사나리와 마찬가지로 쇼군에서 물러나 슨푸로 옮긴 이에야스의 가신이 되었다. 후에 도쿠가와 요리노부를 따라가 그의 가신이 되었고, 기이 타나베 3만8000석을 하사받았다.

마쓰다이라 야스시게는 마쓰다이라 다다요시를 지키는 입장에 있었다. 그런 의미에서 마사나리, 나오쓰구와 같은 위치에 있다. 나아가 마사나리와 나오쓰구는 이에야스의 가신이 될 정도의 인물이었다. 말하자면, 초기 도쿠가와 정권의 중진이다. 이에 반해 야스시게는 정치의 향방에는 기여하지 않았다. 그런데도 도조마쓰다이라가에서 분리되어 독립 영주가 되었고 수확량도 많다. 또한 야스시게가 기시와다로 옮기기 전에 거성으로 삼았던 단바·시노야마성은 센고쿠의 영주에게 공사를 맡긴 '천하보청天下普請'으로 축성된 유명한 성이었다(히코네성 또한 천하보청). 마사나리와 나오쓰구 그리고 야스시게 사이의 차별은 무엇 때문일까? 그래서 사생아설까지 나돈 것인지 모른다.

역시 마쓰이마쓰다이라가와 이에야스 사이에는 이상한 무엇인가가 감춰진 것 같다. 오히려 도바이인이 이에야스의 사생아가 아닌가 하는 생각도 든다. 그러나 그렇게 되면 이이 나오카쓰는 이에야스의 외손자가 되므로 나오카쓰를 배제하고 나오타카에게 뒤를 잇게 하지 않았을 것이다. 역시 도바이인이 이에야스의 애인이고, 그녀를 양녀로서 나오마사에게 보냈다는 것이 가장 납득할 만한 설명이라고 생각한다.

　그런데 여기에서 잊지 말아야 할 것은 도리이가의 존재
다. 도리이가는 야마가타 22만 석을 하사받았고, 역대 영주
중 이이가에 이어 두 번째의 수확량을 자랑했다. 그런데 자
식을 보지 못한 채 다다쓰네가 죽자 다이세산요였던 이이
나오타카의 의견에 따라 일단 멸문당하는 아픔을 겪었다.
여기에서 주목해야 할 점은 나오카쓰의 정실이 도리이 다
다마사(다다쓰네의 아버지)의 딸이었다는 사실이다.

　『도쿠카와 실기德川實紀』는 나오카쓰가 아직 히코네의 영
주였던 시절부터 정실의 처우를 둘러싸고 이이가와 도리이
가가 다투었다고 기록하고 있다. 그러나 이는 사실일 리가
없다. 지금까지 살펴본 것처럼 심각한 대립은 나오카쓰와
나오타카 사이에 있었다. 인척이라는 굵은 인연으로 나오
카쓰와 연결된 도리이가는 나오타카의 강력한 적이었다. 그
도리이가의 당주가 후계 없이 죽었다. 이는 절호의 기회였
다! 나오타카는 그렇게 생각하고 도리이가의 멸문을 획책
하며 그 흐름을 강력하게 주도한 것이 아닐까?

ㄱ

가메슈亀壽 110~111

가메히메亀姫 260

가모 다다토모蒲生忠知 249

가모 우지사토蒲生氏鄉 59, 85~
87, 135, 167, 231~232

가모 히데유키蒲生秀行 69, 135~
136, 230~232

가스가 겐스케春日源助(가스가 도
라쓰나春日虎綱) 182

가즈마스瀧川一益 87

가타쿠라 고주로 가게쓰나片倉小
十郞景綱 182

가토 기요마사加藤淸正 22, 59,
89, 93, 131, 133, 153, 227~230,
232~235, 255

가토 요시아키加藤嘉明 59, 153

간바야시 지쿠안上林竹庵(마사시
게政重) 245

간토히사야스關東公方 82

고곤光嚴 천황 39

고니시 유키나가小西行長 27, 34,
227, 242

고다이고後醍醐 천황 39, 185

고바야카와 다카카게小早川隆景
19, 26, 52, 54, 106, 120, 127, 223

고바야카와 히데아키小早川秀秋
11, 12~14, 16~17, 19, 21~22, 24,
32, 54, 77 ,135, 144 ,149, 163, 182,
242

고바야카와 히데카네小早川秀包
128, 223~224, 229

고조(당의 개국황제인 이연李淵)
157

고치 모모코河內桃子 81

교고쿠 다카쓰구京極高次 128,
205, 210, 216, 220~222, 224~225,
227~229, 234, 236~238, 241

교고쿠 다카요시京極高吉 167,

210, 220

구나이쿄노스보네宮內卿局 152

구로다 나가마사黑田長政 19, 21, 23~27, 35, 42, 44, 90, 93~94, 96~97, 101, 140, 211

구로다 조스이黑田如水(구로다 간베黑田官兵衛) 7, 25, 34~35, 44~45, 78, 89~90, 92~97, 99~104, 117, 121, 131

구리야마 도시야스栗山善助 35

구쓰키 모토쓰나朽木元綱 16

구와타 다다치카桑田忠親 49

기노시타 가쓰토시木下勝俊(조쇼시長嘯子) 241~242

기노시타 히데요시木下秀吉 40

기마타 모리카쓰木俣守勝 184

기무라 시게나리木村重成 78~79, 152, 260

기시모토 마사시岸本齊史 117

기타노만도코로北政所 11, 241

깃카와 모토하루吉川元春 25~26, 120

깃카와 히로이에吉川廣家 25~27, 34, 42~43, 45, 242

135, 242

나오모리直盛 186

나오스케直弼 261

나오쓰구直繼(나오카쓰直勝) 257, 259~262, 265~256

나오에 가네쓰구直江兼續 6, 48~54, 57, 63~64, 69~70, 72~75, 89, 96~97, 100

나오에 가쓰요시直江勝吉 63~64

나오치카直親 186~187

나오토라直虎(지로次郎 법사) 184~187, 257

나오토모直朝 262

나오히라直平 186

나카가와 미쓰시게中川光重 145

나카무라 가즈타다中村一忠 249

나카이 히토시中井均 14, 29

노부야스信康 56, 252

노부치카信親 113

니시오 미쓰노리西尾光教 193

니와 나가시게丹羽長重 134~137, 142~144, 146, 148, 150, 164, 247, 262

니와 나가히데丹羽長秀 135

ㄴ

나가만마루長滿丸 110

나가이 나오마사永井尙政 263

나베시마 가쓰시게鍋島勝茂 242

나베시마 나오시게鍋島直茂 52, 54~55, 89, 106, 131

나스 스케카게那須資景 69

나쓰카 마사이에長束正家 126,

ㄷ

다나카 다다마사田中忠政 199, 249

다나카 요시마사田中吉政 194, 196, 198~199

다나카 이토쿠田中意德 200

다다다카忠高 236~237

다다요시直義 158

다다자네忠眞 54, 106~107, 228

다다테루忠英 251

다다토모忠朝 226

다다하루忠春 250

다라오 미쓰토시多羅尾光俊 76

다마히메珠姬(도쿠가와 히데타다의 차녀) 142

다쓰노카타田鶴の方 186

다이라노 기요모리平淸盛 88, 99~100, 180

다치바나 긴치요立花閤千代 98, 119, 123, 127, 130, 132~134, 172~173

다치바나 도세쓰立花道雪 78, 98, 117, 119, 122~23, 125~127, 129~132, 172~173, 176

다치바나 무네시게立花宗茂(무네토라立花宗虎) 18, 40, 98, 116, 119, 122, 125~128, 131~134, 136~137, 163~164, 173, 199, 222~224, 228~229, 247, 262

다카노리忠則 250~251

다카도노 마도카高殿円 187

다카사카 마사노부高坂昌信 182

다카카즈高和 234

다카하시 무네마스高橋統增(다치바나 나오쓰구立花直次) 119, 122, 178

다카하시 쇼운高橋紹運 78, 119, 121~122, 129

다카하시 시게타네高橋鎭種(소운) 125

다케나카 한베竹中半兵衛 7, 101~103

다케다 모토아키武田元明 220~221

다케다 신겐武田信玄 51, 77, 179, 182, 187, 189, 212, 258

다테 마사무네伊達政宗 49~50, 58, 182, 244, 246

도다 가쓰타카戶田勝隆 103

도도 다카토라藤堂高虎(도도 요에몬藤堂與右衛門) 36, 200~201, 205, 260

도라마쓰虎松 186

도리이 모토타다鳥居元忠 223, 238, 240~251

도바이인唐梅院(하나花) 254~257, 264~265

도시마사利政 143, 149~150

도시미쓰 소교利光宗魚 176~177

도야마 가게토遠山景任 178

도요토미 쓰루마쓰豊臣鶴松 168

도요토미 히데나가(우다 요리타다宇多賴忠, 하시바 히데나가羽柴秀長) 163

도요토미 히데쓰구豊臣秀次(우시히데쓰구羽柴秀次) 11, 13, 135, 168, 199, 242

도요토미 히데요리豊臣秀頼 11, 13, 29, 32, 37, 39, 41, 88, 145, 152, 205~206, 260

도요토미 히데요시(하시바 지쿠젠노카미羽柴筑前守, 기노시타 도키치로木下藤吉郞) 7, 11, 13, 16, 18~19, 22, 25~26, 29, 34~37, 39~41, 52~54, 57~58, 63, 70, 72, 76~77, 83, 85~88, 93, 100~103, 106~107, 113~114, 120~122, 126, 128,

133, 135~136, 141, 143~144, 152, 159~160, 166~170, 173, 178, 183, 195, 198~199, 206, 210, 213, 216~217, 220~221, 229~230, 235, 241, 244, 253, 260

도자와 마사노리戸沢政盛 246

도자와 사다모리戸沢定盛 248

도쿠가와 요리후사德川賴房 79, 244

도쿠가와 요시나오德川義直 254, 264

도쿠가와 요시노부德川慶喜 261

도쿠가와 이에미쓰德川家光 137, 237, 260

도쿠가와 이에야스(마쓰다이라 다케치요松平竹千代) 6~7, 13~17, 26~29, 32, 34, 37, 39, 41~46, 48~49, 53, 55~57, 59~60, 62~64, 68~70, 72, 75, 77, 79~80, 87~90, 94, 104, 106, 131, 140~143, 149~150, 152~153, 156, 159, 162~163, 166, 183~187, 189, 193, 195~199, 206~208, 211, 213, 222, 225~227, 229~233, 235~236, 240~247, 252~253, 255~260, 262, 264~266

도쿠가와 히데타다德川秀忠 28, 32, 34, 68, 79, 133, 137, 142, 159~166, 205, 211, 226, 236~237, 247~248, 253, 260~263

도쿠히메督姫 230

ㄹ

루이스 프로이스Luis Frois 168

리큐利休 170, 245

ㅁ

마사요시正能 235

마사즈미政澄 152

마시타 나가모리增田長盛 141

마쓰노마루松の丸 167, 198, 210, 216, 221

마쓰다이라 노부쓰나(지에이즈知恵伊豆) 79

마쓰다이라 다다요시松平忠吉 166, 240, 253~254, 263~265

마쓰다이라 마사쓰나松平正綱(오코치大河内 마사쓰나) 79~81, 256

마쓰다이라 야스시게松平康重 254, 257, 264~265

마쓰다이라 야스치카松平康親 254

마에다 도시나가前田利長 78, 136, 142~146, 149~150

마에다 도시마사利政(도시나가의 동복 남동생) 143, 149~150

마에다 도시이에前田利家 142, 148, 153, 167, 181, 232

마타이치로又一郎(이름은 히사야스久保) 110

만미 센치요萬見仙千代(시게모토重元) 182

모가미 요시아키最上義光 73

모니와 쓰나모토茂庭綱元 58

모리 다베母里太兵衛 93

모리 데루모토毛利輝元 26~27,

32, 40~46, 54, 59, 88, 120, 129, 141, 222

모리 란마루森蘭丸 182, 241

모리 모토야스毛利元康 40, 222, 225

모리 요시니리森可成 241

모리 히데모토毛利秀元 26, 32, 242

모리쓰나盛綱 217

묘린니妙林尼 178

무네요시宗良 친왕 185

미나모토노 요리마사源賴政 57

미나모토노 요리토모源賴朝 88, 158, 216~217

미야베 게준宮部繼潤 199

미야시타 히데키宮下英樹 114

미즈노 가쓰나리水野勝成 193

미즈노 가쓰시水野勝之 253

미즈노 다다시게水野忠重 233, 235

미키 세이치로三鬼淸一郎 22

미토 미쓰쿠니水戶光圀 79, 244

ㅂ

방헌령房玄齡 157

벳키 시게쓰라戶次鎭連 123, 125~126, 173, 176

벳키 아키쓰라戶次鑑連 116

ㅅ

사나다 마사유키眞田昌幸 34, 162~163

사나다 유키무라眞田幸村 49

사노 쓰나마사佐野綱正 242, 246~247

사사키 히데요시佐々木秀義 217

사이고노쓰보네西鄕局 166, 253

사카구치 안고坂口安吾 49, 100

사카모토 료마坂本龍馬 66

사카이 다다쓰구酒井忠次 53, 162

사카이 다다카쓰酒井忠勝 246

사카이 이에쓰구酒井家次 162

사카키바라 야스마사榊原康政 162, 226, 231, 253

사카키바라 야스카스 234~235

사타케 요시노부佐竹義宣 90, 188, 190

사토미 요시야스里見義康 69

삼보인만사이三宝院滿濟 82

세조인淸淨院 233~234

센고쿠 곤베仙石權兵衛(히데히사秀久) 103, 113~114, 263

소 요시토시宗義智 128

소고 마사야스十河存保 113

소쇼宗性 181

스즈키 마사야鈴木眞哉 246

스즈키 시게요키鈴木重意 244

스즈키(사이카雜賀) 마고이치鈴木孫一(시게토모鈴木重朝) 243~244, 246

시마 다케시토しまたけひと 243

시마즈 다다나가島津忠長 119, 121

시마즈 다다쓰네忠恒(이에히사家久) 111, 113, 116, 132, 160

시마즈 도요히사島津豊久 105

시마즈 요시히로島津義弘 98,

104~107, 110, 113, 128~129, 226, 242~243

시마즈 요시히사島津義久(류하쿠龍伯) 18, 105, 107, 110~111, 113, 119, 121, 132, 160~161, 228

시무라 아키야스志村光安 73~74

시바 료타로司馬遼太郎 22, 243~244

시바타 가쓰이에柴田勝家 67, 135

시부야 시게쿠니澁谷重國 217

시부에 마사미쓰澁江政光 188~189

시오자키 구시로塩崎久代 77

신라사부로 요시미쓰新羅三郎義光 216

쓰쿠시 히로카도筑紫廣門 128

ㅇ

아라키 무라시게荒木村重 182

아마다 히데야스秀康(진스케其介) 76~77

아마あま(아마히메あま姫) 234~235

아메노모리 우지유키雨森氏行 197

아미노 요시히코網野善彦 172

아베 마사쓰구阿部正次 235

아사노 요시나가淺野幸長 153

아시카가 다카우지足利尊氏 39, 158

아시카가 요시미쓰足利義滿 82, 158

아시카가 요시아키라足利義詮 158

아시카가 요시테루足利義輝 58, 66

아오키 가즈노리靑木一矩 142, 150, 152

아자이 나가마사淺井長政 40, 160, 167, 200~201, 205, 210, 216, 220, 262

아자이 히사마사淺井久政 205, 210, 220

아카자 나오야스赤座直保 16

아케치 미쓰히데明智光秀 29, 40, 66~67, 220

아키야마 도라시게秋山虎繁 179

아타 모리아쓰阿多盛淳 105

안도 시게나가安藤重長 207

안코쿠지 에케安國寺惠瓊 141

야마가타 마사카게山縣昌景 184, 258

야마구치 다몬山口多聞 78

야마구치 모스케山口茂介 200~201

야마구치 모자에몬山口茂左衛門 200~201

야마구치 무네나가山口宗永 76~79, 142, 144, 150

야마구치 무네요시山口宗義 78

야마구치 히로사다山口弘定 81, 152

야마나 소젠山名宗全 85~86

야마다 교레키山田去曆 192~193, 195~198

야마다 헤자에몬山田平左衛門 197

야마모토 이소로쿠山本五十六 49

야마모토 히로후미山本博文 49, 105, 107

야마시로 구나이山城宮内(야마시

로 다다히사(山城忠久) 206~209

　　야마우치 가쓰토요山内一豊 197

　　야마자키 가타이에山崎片家 233

　　야마자키 이에하루山崎家治 233, 241

　　오가와 스케타다小川祐忠 16

　　오노 미치요시小野道好 187

　　오노기 시게카쓰小野木重勝 40

　　오다 노부나가織田信長 28~29, 39~40, 56~59, 63, 66~68, 76, 83, 87~88, 102, 113, 135, 160, 166~167, 178~182, 189, 209, 217, 220, 247, 252, 256

　　오다 노부사다織田信定 178

　　오다 사몬織田左門 209

　　오다 우라쿠사이織田有樂齋(나가마스長益) 209

　　오다 히데노부織田秀信(산보시三法師) 29, 39

　　오다이노카타お大の方 233

　　오쓰야노카타おつやの方 178~179

　　오아무おあむ 192~199

　　오와다 데쓰오小和田哲男 67

　　오요応譽 고승 134

　　오우메노카타お梅の方 152

　　오이치노카타お市の方 160, 167

　　오카지노카타お梶の方(오카쓰노카타お勝の方, 에쇼인英勝院) 79~81, 256

　　오코치 마사토시大河内正敏 81

　　오키쿠おきく 199~201, 204~206, 208~211, 213, 216

　　오타니 기노스케大谷紀之介 141

　　오타니 요시쓰구大谷吉繼 16, 36,

140~146, 149~150, 153, 222

　　오토라お虎 64

　　오토모 소린大友宗麟(오토모 요시시게大友義鎭) 18, 59, 78, 112, 116, 119, 123, 126, 173, 178

　　와키자카 야스하루脇坂安治 16

　　요고余湖 74

　　요도기미淀君 167~169, 198~201, 205, 216, 221

　　요도도노淀殿 260

　　요리이에賴家 158

　　요시오카 나가마스吉岡長增 178

　　요시히로 무네유키吉弘統幸 125

　　요코야마 나가치카横山長知 142

　　우스키 아키스케臼杵鑑速 125

　　우에스기 가게카쓰上杉景勝 37, 48, 53, 57, 63, 68~72, 88~89, 97, 140, 162

　　우에스기 겐신上杉謙信(나가오 가게토라長尾景虎, 우에스기 마사토라上杉政虎, 우에스기 데루토라上杉輝虎) 6, 49~51, 58, 69, 77, 148, 188~190, 212

　　우에스기 노리마사上杉憲政 58

　　우키타 히데이에宇喜多秀家 23, 27, 34, 88, 127, 141, 242~243

　　위징魏徵 157

　　유키 히데야스結城秀康 69, 253

　　유키요시尹良 황자 185

　　이건성李建成 157

　　이노오 쓰라다쓰飯尾連龍 186

　　이노우에 구로우에몬井上九郎右衛門 93

　　이마가와 요시모토今川義元 28,

186

이마가와 우지자네今川氏真 186

이세민李世民(당나라 태종) 156

이시다 미쓰나리石田三成(이시다 지부쇼유石田治部少輔) 7, 13, 27~29, 32, 34, 36~37, 39, 41, 43, 68~70, 72, 88~89, 93, 104, 128, 136, 140~143, 162~163, 184, 193~196, 198~199, 222, 227, 240~241, 245

이시다 사키치石田佐吉 141

이시카와 가즈마사石川數正 53, 126

이와아키 히토시岩明均 188

이원길李元吉 157

이이 나오마사井伊直政(만치요萬千代) 183~185, 187, 195, 226~227, 253~259, 261~262, 264~265

이이 나오무네井伊直宗 186

이이 나오타카井伊直孝(벤노스케弁之助) 251~252, 254~255, 257, 259~264, 266

이주인 다다무네伊集院忠棟 53~54, 106, 228

이치마다 아키자네一萬田鑑實 125

이케다 가쓰마사池田勝正 40

이케다 데루마사池田輝政 230~231

이토 모리마사伊藤盛正 14

인구시印具氏 254

ㅈ

제베에瀨兵衛 244

조 이사무長勇 148

조소카베 모토치카長宗我部元親 113

조코인常高院(하쓰初) 205~206, 208, 210~211, 216, 234~237

조코인浄光院 235

진제이탄다이鎭西探題 82

ㅎ

하라다 무네스케原田甲斐 58

하루요리治賴 233

하세가와 히데카즈長谷川秀一 181

하치만타로 요시이에八幡太郎義家 153, 216

하치스카 마사카쓰蜂須賀小六 103

호리 히데마사堀秀政 181

호리오 다다우지堀尾忠氏 193

호리오 다다하루堀尾忠晴 249~250

호센인宝泉院 241

호소카와 가쓰모토細川勝元 85~86

호소카와 다다오키細川忠興 153, 162, 207

호소카와 요리유키細川頼之 158

호소카와 유사이細川幽齋 78, 223, 238

호슈인芳春院 142

호시나 마사유키保科正之 160, 165

호조 우지나오北條氏直 230

혼고 게코本郷惠子 35

혼다 다다카쓰本多忠勝 162, 184, 226

혼다 마사노부本多正信 63, 104, 162

혼다 마사모리本多正盛 207

혼다 마사즈미本多正純 152

후리히메振姬 232

후지와라노 요리나가藤原頼長 180

후지와라노 히데히라藤原秀衡 217

후지와라씨藤原氏 15

후쿠다 마사히데福田正秀 235

후쿠모토 니치난福本日南 37, 141

후쿠시마 마사노리福島正則 22, 42, 44~45, 68, 136, 140, 162, 207, 230~231, 253

후쿠하라 나가타카福原長堯 193,

후쿠하라 히로토시福原廣俊 42, 44

히구치 요시치樋口與七(오구니 사네요리小國實頼) 57~58, 64

히지카타 도시조土方歳三 244

센고쿠 시대
무장의 명암

초판 인쇄 2022년 7월 4일
초판 발행 2022년 7월 18일

지은이 혼고 가즈토
옮긴이 이민연
펴낸이 강성민
편집장 이은혜
기획 노만수
마케팅 정민호 이숙재 김도윤 한민아 정진아 우상욱 정유선
브랜딩 함유지 함근아 김희숙 안나연 박민재 박진희 정승민
제작 강신은 김동욱 임현식

펴낸곳 (주)글항아리 | 출판등록 2009년 1월 19일 제406-2009-000002호

주소 10881 경기도 파주시 회동길 210
전자우편 bookpot@hanmail.net
전화번호 031-955-2696(마케팅) 031-955-2682(편집부)
팩스 031-955-2557

ISBN 979-11-6909-018-6 03910

geulhangari.com